北京教育科学规划重点课题：学生体质健康状况影响因素与综合干预研究（课题编号：AAA12012）

青少年健康体能
教学与训练指导手册

中国青少年健康体能研究课题组

北京体育大学出版社

策划编辑　梁　林
责任编辑　侯恩毅
责任校对　张春芝
版式设计　小　小

图书在版编目（CIP）数据

青少年健康体能教学与训练指导手册 / 吴键主编
.—北京：北京体育大学出版社，2018.9（2020.1 重印）
ISBN 978-7-5644-3067-2

Ⅰ. ①青… Ⅱ. ①吴… Ⅲ. ①青少年—体能—身体训练—手册 Ⅳ. ① G808.17-62

中国版本图书馆 CIP 数据核字（2018）第 227787 号

青少年健康体能教学与训练指导手册　　吴　键　主编

出版发行：北京体育大学出版社
地　　址：北京市海淀区农大南路 1 号院 2 号楼 4 层办公 B-421
邮　　编：100084
网　　址：http：//cbs.bsu.edu.cn
发 行 部：010-62989320
邮 购 部：北京体育大学出版社读者服务部 010-62989432
印　　刷：北京虎彩文化传播有限公司
开　　本：710mm × 1000mm　1/16
成品尺寸：170mm × 240mm
印　　张：14
字　　数：247 千字
版　　次：2018 年 10 月第 1 版
印　　次：2020 年 1 月第 2 次印刷
定　　价：88.00 元

编 委 会

前　言

一、青少年健康体能的概念

体能，通常是指一个人从事体力活动的能力。体能一般可以分为健康体能和运动体能。健康体能，是指维护、增进健康和提高人体基本活动能力及身体素质为主的体能，包括心肺耐力、肌肉耐力、肌肉力量、柔韧性、平衡能力等；运动体能，是指以提高专门的竞技技能和提升竞技水平为主的体能，包括旋转爆发力、最大速度、变相速度、反应速度等。

需要说明的是，本《青少年健康体能教学与训练指导手册》(以下简称《手册》)对体能的定义，并没有依照传统的概念及概念体系方法来界定。其原因包括：一是过去的概念界定多局限在竞技体育领域；二是新的时代，需要拓展思维、创新学术。新的概念的界定，是社会发展、学术创新的必然结果，是一种新的探索。所以，本《手册》对健康体能的概念界定，更接近相关学者提出的“体适能”的概念及其定义。

二、青少年健康体能教学与训练体系的设计理念

在青少年阶段，对全体学生而言，最重要的是健康体能。健康体能是体质健康的重要基石，健康体能是竞技体能的基础。众所周知，近 30 年以来，中国学生体质与健康水平持续下降。但是，具体分析组成“体质与健康”的指标体系不难发现，其中，健康的指标，如牙齿检查、血液检查、蛔虫卵检查的结果，大部分指标是好转的、上升的，只有与体质相关的部分指标（身体机能与身体素质）的测试结果持续下降。也就是说，随着经济的发展、社会的进步，与健康紧密相关的医学问题，大部分得到解决，而与体质相关的指标，问题却越来越严重。

如何解决学生体质问题？中国教科院体育卫生艺术教育研究所专门成立科研团队，结合国内外先进的健康理念、健身及运动方法，如青少年动作发展规律、身体

运动功能训练理论、康复训练理论等，开发了一套遵循青少年生长发育规律，适合在体育课堂、课余训练中组织实施，以维护和增进健康为核心目标的身体练习方法体系——青少年健康体能教学与训练体系，简称青少年健康体能。

三、青少年健康体能教学与训练结构体系

为了适应中小学教学实际并契合社会对于体能训练的认知，本《手册》构建了以下健康体能的结构体系。

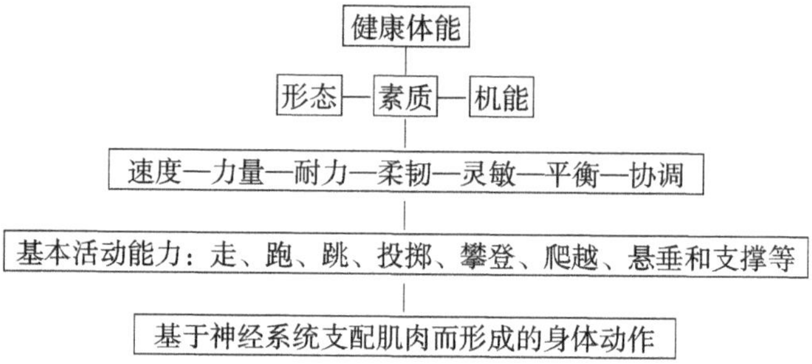

体系最基础的元素，是基于神经系统对肌肉支配而引起的身体动作。在生活中，各种动作的产生、结合，可以实现人体的基本活动功能，发展为人的基本活动能力。从基本活动能力和身体素质的发育、发展规律和特点出发，构建了以速度、力量、耐力、柔韧、灵敏、平衡和协调 7 个部分为核心内容的体能素质体系。限于篇幅，本《手册》根据动作性质，并依照动作的新颖性及练习方法的创新性，选择了一些有代表性的动作和练习方式来构建某一主题的体能素质内容。例如，以往的力量素质训练，主要呈现的是发展上肢力量的引体向上、发展躯干力量的仰卧起坐、发展下肢爆发力的立定跳远等动作及其练习方法，本《手册》中的力量素质则选择了发展核心力量的平板支撑、侧平板支撑等动作及其练习方法。

四、青少年健康体能教学与训练体系特点

青少年健康体能教学与训练体系，其内容一部分源自对传统的走、跑、跳、投掷、攀登、爬越、悬垂和支撑等练习方法的改进；另外一部分，是常规的身体素质练习；最重要的部分，是吸纳了身体功能训练中的动作、动作模式，并且通过结合简易运动器械的使用，从运动方位、幅度、速度等的变化角度，总结、设

计出一系列新的练习。三者结合，构建了具有新理念、新思路、新方法的青少年健康体能。

青少年健康体能教学与训练体系，可以分别用于学校体育的课堂教学与课余训练。健康体能教学，是将健康体能的内容以教学的方式传授给学生，让学生学会、掌握；健康体能训练，是在教师指导下，学生运用学会、掌握的健康体能方法和手段，通过科学的练习，达到优化身体形态、提高身体机能、增强身体素质、维护身心健康的过程。

健康体能训练，是一套综合发展青少年各种身体素质的高效训练方法，是区别于竞技体育中竞技体能训练的训练方法，更加切合普通儿童青少年优化身体形态、提高身体机能、提升身体素质的需求。研究显示，身体素质并不是单一的存在，儿童青少年的速度素质跟肌肉类型、关节延展程度有关联，力量素质的大小也跟动作协调性、身体动力链、肌肉紧张放松的协调程度有关联。因此，以往为发展单个身体素质而进行的简单重复练习并不是最有效的方法。所以，健康体能训练，克服了这些缺点，依照功能训练的理念，设计了通过提高神经系统对身体稳定性、灵活性和控制能力的训练，以达到高效训练目的的新的训练方法。在这些训练方法中，柔韧性、灵活性、协调性、平衡性的训练是重点内容。

本《手册》的使用对象是青少年，因此，青少年健康体能训练的另一个特点是趣味性强、简单实用、配置小型器材。以往的体能训练、素质训练给学生留下的感受往往是枯燥、刻板、困难甚至痛苦。健康体能训练还设计了双人、多人和集体练习的方法，以及游戏和竞赛方法。这种设计，目的是激发中小学生的锻炼积极性。

五、青少年健康体能应用要求

任何一种新的教学与训练体系，仅仅是理论的构建，要取得实效，关键还在于其在实践中的应用。青少年健康体能的实施，必须遵循一定的原则。一是要遵循青少年身体发育特点、生理负荷适应性规律，科学合理安排运动负荷，全面、系统促进学生健康体能；二是要关注青少年身体素质发展的敏感期，强化体能训练，保证体能训练的高效性；三是要区别对待，关注青少年的个体特征，严格练习的规范性、正确性，预防运动损伤，保证练习的质量；四是要适应青少年心理特点，采用丰富多彩的趣味性竞赛方法，激发青少年的学习兴趣和锻炼活力，养成锻炼习惯，保证锻炼的持久性、有效性。

编写和使用说明

一、适用人群

本《手册》主要供基础教育阶段体育教师在指导中小学生（6~18 岁）进行健康体能练习时使用。社会体育指导员、体育爱好者也可参考使用。青少年通过系统学习，可以依照相关要求，采用本《手册》的内容进行自主练习、自主训练，还可以和家长一起进行体能训练。

二、主要内容

本《手册》主要由体能素质练习、教学组织、器械使用和测试评估 4 个部分组成。

（一）体能素质篇

依照速度、力量、耐力、柔韧、灵敏、平衡和协调 7 个主题进行分类，在每个主题下，由若干典型动作组成。具有内容新颖、功能集中、针对性强等特点。

（二）教学组织篇

依照单人练习、双人练习和团队练习 3 种形式进行分类，在每种练习形式下，由各种典型的练习方法组成，主要供体育教师在课堂教学和训练中参与、采用，这些方法趣味性强，体现合作精神。其目的是激发学生的学习兴趣、活跃课堂气氛。

（三）器械使用篇

围绕敏捷梯、灵敏栏、移动盘、平衡垫、敏捷环等小型器械，设计了多种综合性练习，发展学生体能，供体育教师进行课堂教学设计时选用。这些器材是国内外

（五）自主练习，发展能力

要引导学生在掌握各种练习方法的基础上，进行自主锻炼，在自主锻炼的过程中，提高练习的技术、技巧，发展和培养自我监督、自我评价的能力，养成自主锻炼的良好习惯。

五、教学步骤

体育教师在使用本《手册》时，为了保证教学与训练的科学性、可行性，教学与训练的过程应当基本保持稳定的流程结构。

健康体能课的教学与训练，遵循学生身体发展规律、技术技能形成规律。健康体能课的结构与普通体育课的结构基本一致，按照课程流程分成准备部分、基本部分。结束部分，也可以根据学生情况、教学内容进行适度调整。

（一）准备部分

准备部分，也就是热身活动，时间安排为 5~10 分钟。其主要内容包括两部分：一是肌肉的激活，二是肌肉、韧带等的拉伸。其主要目的是适度提高学生身体的温度，使机体血液流动速度加快；激发学生神经肌肉系统的兴奋性和应激能力，防止运动损伤；帮助学生做好运动的心理准备，特别是提高学生的注意力。

激活、拉伸练习的顺序原则是：由躯干到四肢，先激活大块肌肉，再动员小肌肉群，提升练习者的本体感觉，练习的节奏不断变化，由开始时的缓慢逐渐加快。虽然，在一般的体能训练实践领域多提倡动态拉伸练习，但是对于健康体能教学而言，静态拉伸、动态拉伸都是需要学习的新内容，它们对肌肉、韧带的拉伸作用同等重要，对本体感觉能力的提升更加不可缺少，因此，健康体能课的准备部分，既是学习过程，也是练习过程，其内容包括慢跑、静态拉伸、动态拉伸等。可以先进行徒手伸展练习，然后进行动态、静态结合的姿势控制练习，最后是以动态为主的移动步伐学习。

（二）基本部分

一般的教学与训练课，基本部分主要是体育技术、技能的教学，是体育教师通过教学传授给学生，学生通过学、练掌握技术、技能的过程。由于健康体能是一个新的知识、技能体系，所以，健康体能课的主体内容，是学习新的单个体能发展动作、学习体能发展的组合动作。动作的学习，首先要遵循运动技能的发展及变化规律，要强化练习的次数，只有真正掌握技能后才能科学有效发展体能。与体能训练课不同的是健康体能课的重点是以学习为主的教学过程。

健康体能课基本部分的时间一般安排 20~30 分钟。具体的时间由教师根据每节课学习动作的难度做出相对应的调整。单个的动作，包括前后动作、上下动作、运动补偿动作、向心动作与离心动作等。单个动作学习，要让学生在课堂上经历最初的动作学习的条件反射、运动动作的动力定型过程，通过运动量和运动负荷的刺激形成基本的动作技能。动作组合，通常围绕身体素质的发展主题，如爆发力练习、耐力练习、速度练习、灵敏练习和平衡能力练习。

（三）结束部分

健康体能课的结束部分，其目的是帮助尽快恢复体能和实现体能的超量恢复。通常体育课的结束部分以放松练习为主，健康体能课的结束部分，尽管放松练习仍然是目标之一，但是，还是有许多不同的地方。一般的体育课往往忽视结束部分，其原因是内容的匮乏。事实上，健康体能课的结束部分，是一节课整体的一部分，其价值并不比其他部分低，其内容甚至更为丰富。第一，是心理层面的放松，配合呼吸调整，播放舒缓音乐是常见的手段；第二，是身体的放松，积极的恢复手段是减缓动作、放慢速度的低强度练习；第三，是有针对性的按摩方式，促进血液循环，让肌肉和筋膜得到充分的放松和梳理，减轻肌肉酸痛；第四，在肌肉还没有变冷的时候做静态的拉伸动作。健康体能课的结束部分，要强化的是上述第三、第四步骤的教学过程。

结束部分一般安排 5~10 分钟。现在，在运动训练过程中，经常采用专用的放松工具来提高恢复效率，如按摩棒、扳机球、泡沫轴等，体育教师可以根据实际情况选择应用。由于是体育课堂教学，所以，建议在健康体能课的结束部分，尽量采用双人协作或者多人组合的方式进行。

六、运动负荷

体育教师在使用本《手册》时，为了保证教学与训练的有效性，应当保证教学、训练过程中必要的运动负荷。

以教学为主的健康体能课，在运动负荷的控制方面，应当与训练课不同。依照中华人民共和国卫生行业标准《中小学生体育锻炼运动负荷卫生标准(WS/T 101—1998)》要求，教学课基本部分的时间应为20~30分钟，其靶心率适宜的范围不得低于120次/分，最高不能超过200次/分。原则上，健康体能教学课，基本部分的平均运动负荷，以心率来衡量，应当在最大强度心率的60%~80%，练习密度应当不低于50%。

在实际教学中，健康体能教学课的运动负荷和密度要根据教学内容即练习性质来确定课负荷和密度要求。例如，由于参与动作操作的肌肉系统大小不同，有的是大肌肉群动作，有的是小肌肉群动作，所以，同样的学习、练习时间，引起的身体反应是不一样的，学生的运动负荷自然也会出现不同。还有，有氧练习、无氧练习的不同安排，也会导致身体的不同反应，呈现出不同的运动负荷。因此，用统一的负荷和密度指标去约束教学是不妥当的。

在实际教学中，体育教师可以通过调整练习的方式、强度、组数等因素来保证基本的运动负荷。例如，有的教学内容技能难度低、动作简单，所以，可以采用学、练结合方式，提升运动负荷。另外，由于存在个体的差异，健康体能课上除了教会学生体能练习的方法，还要引导学生在课堂统一练习的过程中根据自身的能力完成不同负荷的练习。例如，核心力量练习中的平板支撑，可以坚持的时间，从初级（30秒）、中级（1~2分钟）到高级（5分钟以上），可以利用不同的练习组数、练习难度、间歇时间来调整运动负荷。

目　　录

第一篇　体能素质篇

一、力量练习

练习 1：平举振臂

练习功能：主要发展肩部肌群力量及肩胛稳定性，辅助发展上背部肌群力量。

场地器材：无。

起始姿势：练习者两脚左右站立与肩同宽，两眼平视前方，两手臂侧平举。

练习步骤：练习者以肩关节为轴上下（前后）小幅度地振臂或顺（逆）时针绕环。

指导提示：练习者在练习过程中保持身体直立，收紧腹部和臀部。每组做 15~20 次。

拓展练习：

1. 练习者半蹲姿势练习此动作。

2. 练习者单腿站立练习此动作。

练习 2：平板支撑

练习功能：主要发展核心肌群力量及躯干的稳定性和平衡性。

场地器材：瑜伽垫。

起始姿势：练习者双肘弯曲支撑在地面上，肘关节垂直于地面，双脚脚尖触地，双腿稍微分开，身体离开地面，躯干伸直，头部、肩部、髋部和踝部保持在同一平面。

练习步骤：练习者腹肌收紧，盆底肌收紧，脊椎延长，眼睛看向地面。

指导提示：练习者在练习过程中将注意力放在腹部和腰部，要保持身体呈直线，不能有塌腰或臀部拱起。一旦塌腰就停止，不要屏息，保持均匀呼吸。每组练习保持 30 秒 ~1 分钟。

拓展练习：

1. 如果练习者完成不了这个动作，可先进行跪式平板支撑练习，降低动作难度。

2. 练习者保持平板支撑姿势，一只手臂抬离地面，并前伸至与躯干同一平面，保持 15~20 秒，交换手臂。练习时注意保持身体的稳定性。

3. 练习者保持平板支撑姿势，一只脚抬向上方或侧方，保持 15~20 秒，交换脚。练习时注意保持身体的稳定性。

4. 2 名练习者保持平板支撑姿势相对，相距两臂距离，2 人用一只手相互干扰对方。

5. 俯撑脚画圆，以双脚或双手为圆心，向左右移动画圈。

练习 3：俯撑摸膝

练习功能： 主要发展核心肌群力量及躯干的稳定性和平衡性。

场地器材： 瑜伽垫。

起始姿势： 练习者保持俯撑姿势，双手双脚与肩同宽，双臂与地面垂直，躯干伸直，头部、肩部、髋部和踝部保持在同一平面。

练习步骤： 练习者用一只手触摸对侧腿的膝关节，然后交换手臂。

指导提示： 练习者在练习过程中不要低头和提臀。每侧重复 10 次。

拓展练习：

1. 练习者保持俯撑姿势，用一侧手臂的肘关节触碰对侧腿的膝关节。
2. 练习者保持俯撑姿势，用一侧手臂的肘关节触碰同侧腿的膝关节。
3. 练习者可将手或脚支撑在平衡气枕上，进行该动作的练习。

练习 4：跪式俯撑

练习功能：主要发展核心肌群力量及躯干的稳定性和平衡性。

场地器材：瑜伽垫。

起始姿势：练习者保持俯撑姿势，双手双脚与肩同宽，双臂与地面垂直，躯干伸直，头部、肩部、髋部保持在同一平面。

练习步骤：练习者腹肌和盆底肌收紧，脊椎延长，眼睛看向地面。

指导提示：练习者在练习过程中保持躯干稳定，不能左右晃动。保持 1~1.5 分钟。

拓展练习：

1. 练习者一侧手臂抬离地面并前伸与躯干保持在同一平面，保持 15~20 秒，交换手臂。

2. 练习者一只脚抬离地面并伸直与躯干保持在同一平面，保持 15~20 秒，交换脚练习。

3. 练习者可将手或脚支撑在平衡气枕上，进行该动作的练习。

练习 5：跪式平板支撑

练习功能：主要发展核心肌群力量及躯干的稳定性和平衡性。

场地器材：瑜伽垫。

起始姿势：练习者双肘弯曲支撑在地面上，肘关节垂直于地面，双膝着地，双膝稍微分开，身体离开地面，躯干伸直，头部、肩部、髋部和大腿保持在同一平面。

练习步骤：练习者腹肌收紧，盆底肌收紧，脊椎延长，眼睛看向地面。

指导提示：练习者在练习过程中注意力放在腹部和腰部，不要屏息，保持均匀呼吸。每次练习保持 1~1.5 分钟。

拓展练习：

1. 练习者保持跪式平板支撑，一侧手臂抬离地面并前伸至与躯干同一平面，保持 15~20 秒，交换手臂。练习时注意保持身体的稳定性。

2. 练习者保持跪式平板支撑，一侧大腿向上方或向侧方抬起，保持 15~20 秒，交换抬起另一侧大腿。练习时注意保持身体的稳定性。

3. 练习者保持跪式平板支撑，一侧大腿抬起外展并屈膝 90°，保持 15~20 秒，交换抬起另一侧大腿。练习时注意保持身体的稳定性。

4. 练习者可在手或膝关节下方放置平衡气枕，增加支撑面的不稳定性。练习时注意保持动作的正确性。

练习 6：跪式侧桥支撑

练习功能：主要发展核心肌群力量及躯干的稳定性和平衡性。

场地器材：瑜伽垫。

起始姿势：练习者双腿并拢屈膝 90°，侧卧身体，一侧手臂屈肘撑起身体，与地面垂直，另一侧手臂紧贴侧腹部，躯干伸直，头部、肩部、髋部和大腿保持在同一平面。

练习步骤：练习者腹肌和盆底肌收紧，脊椎延长，眼睛看向前方。

指导提示：练习者在练习过程中髋部不要下榻或上顶过高，不要屏息，保持均匀呼吸。每侧练习保持 40 秒 ~1 分钟。

拓展练习：

1. 练习者保持跪式侧桥支撑姿势，将位于上方的手臂和 / 或腿部抬起，增加不稳定性。

2. 练习者保持跪式侧桥支撑姿势，将位于上方的腿向前上方 / 后上方抬起，勾脚尖，保持或上下进行动态练习。

3. 练习者在肘部和 / 或膝部放置平衡气枕或瑞士球，在不稳定的支撑面上进行练习，但要注意保证动作的正确性。

练习 7：侧桥支撑

练习功能：主要发展核心肌群力量及躯干的稳定性和平衡性。

场地器材：瑜伽垫。

起始姿势：练习者双腿并拢，侧卧身体，一侧手臂屈肘撑起身体，上臂与地面垂直，另一侧手臂紧贴侧腹部，躯干伸直，头部、肩部、髋部和踝部保持在同一平面。

练习步骤：练习者腹肌和盆底肌收紧，脊椎延长，眼睛看向前方。

指导提示：练习者在练习过程中髋部不要下塌或上顶过高，不要屏息，保持均匀呼吸。每侧练习保持 20~40 秒。

拓展练习：

1. 练习者保持侧桥支撑姿势，将位于上方的手臂和 / 或腿部抬起，增加不稳定性。

2. 练习者保持侧桥支撑姿势，将上面的脚向前、向后触地。

3. 练习者保持侧桥支撑姿势，侧边卷缩腹斜肌，快要触到地面时稍微停顿，然后返回到起始位置。

4. 练习者可在支撑侧的肘部或膝部放置平衡气枕或瑞士球，在不稳定的支撑面上进行该练习，但要注意保证动作的正确性。

练习 8：背桥支撑

练习功能：主要发展核心肌群力量及躯干的稳定性和平衡性。

场地器材：瑜伽垫。

起始姿势：练习者双腿屈曲稍微开立，小腿与地面垂直，两手臂置于身体两侧贴于地面。

练习步骤：练习者抬起臀部和背部，双肩和头撑地，臀部收紧，躯干伸直，与大腿成一条直线。

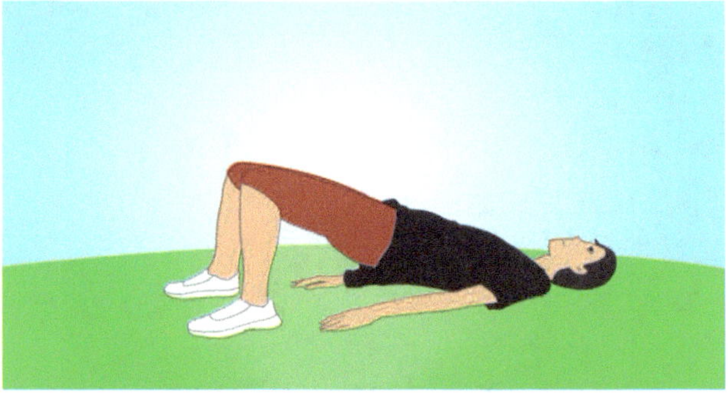

指导提示：练习者不要屏息，保持均匀呼吸。每次练习保持 30 秒 ~1 分钟。

拓展练习：

1. 练习者手臂交叉放于胸前做练习，或双脚尖勾起做练习，或者同时做练习。

2. 练习者保持背桥姿势，一条腿抬起伸直并保持 5 秒，然后回到起始姿势，换另一条腿进行同样的动作，左右交替进行。

3. 练习者保持背桥姿势，一条腿屈膝抬起，膝关节尽量向胸部贴近，然后回到起始姿势，换另一条腿进行同样的动作，左右交替进行。

4. 练习者可在双脚或肩部下方放置瑞士球或平衡气枕，在不稳定的支撑面上进行练习，但要保证动作的正确性。

练习 9：俯卧——“I”字形

练习功能：主要发展肩部肌群力量及肩胛稳定性，辅助发展上背部肌群。

场地器材：瑜伽垫。

起始姿势：练习者俯卧于垫上，双臂伸直贴近耳侧，与躯干形成“I”字形。

练习步骤：练习者双侧肩胛骨向内向下收紧，双臂上抬，保持 3 秒。

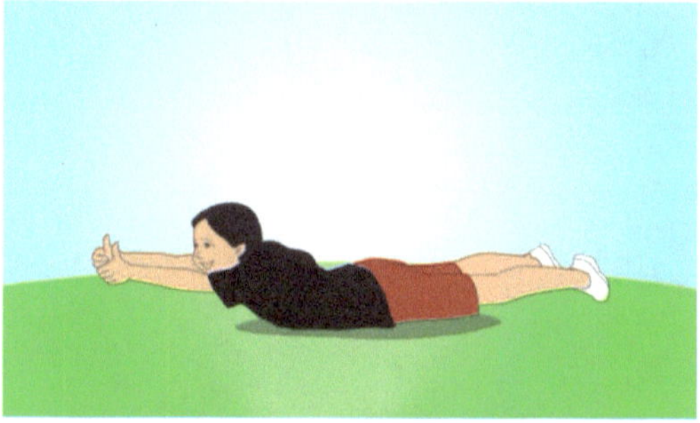

指导提示：练习者在练习过程中保持腹部收紧，拇指向上，肩胛骨收紧后抬起手臂。每组做 10 次。

拓展练习：

1. 俯卧——Y 字形，双臂伸直，与躯干形成“Y”字形，再进行该练习。

2. 俯卧——T 字形，双臂侧平举，与躯干形成“T”字形，再进行该练习。

3. 俯卧——W 字形，双臂外展，双肘屈曲，与躯干形成“W”字形，再进行该练习。

4. 俯卧——TW 伸展，背伸，双臂先侧平举，然后双肘夹紧呈“W”字形，然后再恢复双臂侧平举，进行动态练习。

5. 将上身和手臂抬起，保持 40 秒 ~1 分钟，进行静态练习。

练习 10：蹲起

练习功能：主要发展下肢力量。

场地器材：无。

起始姿势：练习者两脚左右站立略宽于肩，两眼平视前方，两手臂前平举。

练习步骤：练习者屈膝下蹲到大腿和地面平行或稍低，静止 5 秒，大腿和臀部用力，使身体恢复到直立。

指导提示：练习者在练习过程中背部要平直，膝关节和肩关节不超过脚尖，膝关节要朝向正前方，不能有内扣或外翻。每组做 20 次。

拓展练习：

1. 练习者在练习过程中双手放在头后。

2. 练习者在练习过程中双臂伸直上举或双手握木棍，木棍要始终保持在双脚上方，不能往前或往后伸。

3. 蹲起回到直立位时可向上跳起。

4. 练习者可站立在平衡半球或平衡气枕上进行练习，但要注意保证动作的正确性。

5. 练习者可双脚并拢进行该项练习，增加对股四头肌的刺激。

6. 练习者可双脚分开较大距离进行该项练习，增加对内收肌的刺激。

7. 2 名练习者相对站立，在下蹲时一名练习者的右手握住另一名练习者的左手，下一次练习换手下蹲。

练习 11：单脚蹲起

练习功能：主要发展下肢力量。

场地器材：无。

起始姿势：练习者单脚站立，身体保持直立，双手放于胸前维持平衡。

练习步骤：练习者屈膝下蹲到大腿和地面平行或稍低，保持 5 秒，大腿和臀部用力使两脚蹬地，使身体恢复到直立。在练习过程中悬空脚前伸或后伸。

指导提示：练习者在练习过程中背部要平直，膝关节和肩关节不超过脚尖，身体保持稳定，不要晃动。每组做 10 次。

拓展练习：

1. 前后分腿半蹲跳。

2. 左右分腿半蹲跳。

3. 可在平衡气枕或平衡半球等不稳定的支撑面上进行该练习，但要注意保持动作的正确性。

4. 可 2 名学生面对面站立，手拉手，一起下蹲做该练习。

5. 可在练习过程中向前或向左右两边传接球。

练习 12：屈膝弓箭步

练习功能：主要发展下肢力量。

场地器材：无。

起始姿势：练习者呈站立姿势，双手十指紧扣置于胸前。

练习步骤：练习者右脚向后方跨一步下蹲，然后回到直立，交换左脚。练习时身体保持直立，腹部收紧，眼睛看前方。

指导提示：练习者在练习过程中身体保持稳定，膝关节不要超过脚尖。每组做 10 次。

拓展练习：

1. 前、后、左、右 4 个方向弓箭步练习。

2. 弓箭步交换跳。

3. 可在平衡气枕或平衡半球等不稳定的支撑面上进行该练习，但要注意保持动作的正确性。

4. 可在做弓箭步的下蹲动作后，双手持实心球或哑铃前平举，将上身转向左、右两侧。可 2 名练习者配合完成弓箭步并传接实心球的练习。

练习 13：弹力带“Y”字交叉上拉

练习功能：主要发展手臂、肩部和上背部肌肉力量。

场地器材：弹力带。

起始姿势：练习者两脚左右开立与肩同宽，眼睛平视前方，双脚踩弹力带中部，弹力带交叉，双手握住弹力带两端置于身体两侧。

练习步骤：练习者手握弹力带直臂外展，拉至肩关节上方，双臂与躯干成“Y”字形，停顿 5 秒，然后缓慢回到起始姿势，重复练习。

指导提示：练习者在练习过程中保持腹肌收紧，躯干保持稳定，双臂要缓慢回到起始姿势，双臂要始终用力。每组做 10 次。

拓展练习：

1. 练习者手握弹力带，直臂前屈拉至肩关节上方。

2. 练习者一只脚踩弹力带的一端，对侧手握弹力带斜上拉。

3. 随着练习者肌肉力量的增长，可逐渐改用阻力更大的弹力带。

练习 14：弹力带展翅拉

练习功能：主要发展手臂、肩部和上背部肌肉力量。

场地器材：弹力带。

起始姿势：练习者两脚左右站立与肩同宽，眼睛平视前方，双手握弹力带两端前平举于胸前。

练习步骤：练习者握住弹力带拉至侧平举位，停顿 5 秒，然后缓慢回到起始姿势，重复练习。

指导提示：练习者在练习过程中保持腹肌收紧，躯干保持稳定，双臂要缓慢回到起始姿势，双臂要始终用力。每组做 10 次。

拓展练习：

1. 随着力量的增加，可逐渐由阻力小的弹力带换成阻力大的弹力带。

2. 练习者将弹力带拉至侧平举位后，肩胛骨内侧的肌肉再用力将肩胛骨拉向脊柱方向。

3. 可站在不稳定的平面如平衡半球上进行此练习，但要保证动作的正确性。

4. 可单脚站立进行此练习，但要保证动作的正确性。

练习 15：弹力带卧推式前拉

练习功能：主要发展手臂和胸部肌肉力量。

场地器材：弹力带。

起始姿势：练习者两脚左右站立与肩同宽，眼睛平视前方，双手握住弹力带两端（弹力带中间套在上背部），屈肘置于胸前。

练习步骤：练习者握住弹力带向身体前方平推至手臂完全伸直，停顿 5 秒，然后缓慢回到起始姿势，重复练习。

指导提示：练习者在练习过程中保持腹肌收紧，躯干保持稳定，双臂要缓慢回到起始姿势，双臂要始终用力。每组做 10 次。

拓展练习：

1. 随着力量的增加，可逐渐由阻力小的弹力带换成阻力大的弹力带。
2. 可站在不稳定的平面如平衡半球上进行此练习，但要保证动作的正确性。

3. 可单脚站立进行此练习，但要保证动作的正确性。

练习 16：双人弹力带水平外拉

练习功能：主要发展手臂、肩部和上背部肌肉力量。

场地器材：弹力带。

起始姿势：2 名练习者相隔 1 米，同方向并排站立，眼睛平视前方，两脚左右站立与肩同宽，2 名练习者外侧手抓住同一根弹力带前平举。

练习步骤：2 名练习者同时从手臂前平举拉至侧平举，停顿 5 秒，然后缓慢回到起始姿势，再进行下一次练习。

指导提示：练习者在练习过程中保持腹肌收紧，躯干保持稳定，手臂要缓慢回到起始姿势，手臂要始终用力。每组做 10 次。

拓展练习：

1. 单脚站立练习，练习者同时抬起内侧脚或外侧脚进行此练习，但要保证动作的正确性。

2. 在手臂侧平举到终末端后，肩胛骨内侧的肌肉用力将肩胛骨拉向脊柱方向。

3. 在手臂侧平举到终末端后，可进一步将上身向外转。

4. 可站在不稳定的平面如平衡半球上进行此练习，但要保证动作的正确性。

5. 随着力量的增加，可逐渐由阻力小的弹力带换成阻力大的弹力带。

练习 17：双人弹力带水平内拉

练习功能： 主要发展手臂、胸部肌肉力量。

场地器材： 弹力带。

起始姿势： 2 名练习者相隔 1 米，同方向平行站立，眼睛平视前方，两脚左右站立与肩同宽，2 名练习者内侧手抓住同一根弹力带侧平举。

练习步骤： 2 名练习者同时从侧平举拉至水平举，保持 5 秒，然后缓慢回到起始姿势，重复练习。

指导提示： 练习者在练习过程中保持腹肌收紧，躯干保持稳定，手臂要缓慢回到起始姿势，手臂要始终用力。每组做 10 次。

拓展练习：

1. 单脚站立练习，练习者同时抬起内侧脚或同时抬起外侧脚进行此练习，但要保证动作的正确性。

2. 可站在不稳定的平面如平衡半球上进行此练习，但要保证动作的正确性。

3. 可在拉至水平举后，进一步屈肘 90°　。

4. 随着力量的增加，可逐渐由阻力小的弹力带换成阻力大的弹力带。

练习 18：双人双手弹力带上下拉

练习功能： 主要发展手臂、肩部和上背部肌肉力量。

场地器材： 弹力带。

起始姿势： 2 名练习者相隔 1 米相对站立，眼睛平视前方，两脚左右站立与肩同宽，2 名练习者同时抓住 2 根弹力带两端，屈肘置于胸前。

练习步骤： 一名练习者伸直手臂下拉至髋两侧，另一名练习者伸直手臂拉至头两侧，保持 5 秒，然后缓慢回到起始位置，练习者上下拉交换。

指导提示： 练习者在练习过程中保持肩胛骨收紧，腹部收紧，躯干保持稳定，手臂要缓慢回到起始姿势，手臂要始终用力。每组做 10 次。

拓展练习：

1. 单脚站立练习，一名练习者抬起右（左）脚，另一名练习者抬起左（右）脚，或两名练习者同时抬起右（左）脚，但要保证动作的正确性。

2. 可站在不稳定的平面上如平衡半球上进行此练习，但要保证动作的正确性。

3. 随着力量的增加，可逐渐由阻力小的弹力带换成阻力大的弹力带。

练习 19：双人单手弹力带上下拉

练习功能： 主要发展手臂、肩部和上背部肌肉力量。

场地器材： 弹力带。

起始姿势： 2名练习者相隔1米相对站立，眼睛平视前方，两脚左右站立与肩同宽，一名练习者右手握住弹力带一端，另一名练习者左手握住弹力带另一端。

练习步骤： 一名练习者伸直手臂下拉弹力带至髋部，另一名练习者伸直手臂上拉弹力带过头顶，保持5秒，然后缓慢回到起始位置，练习者上下拉交换。

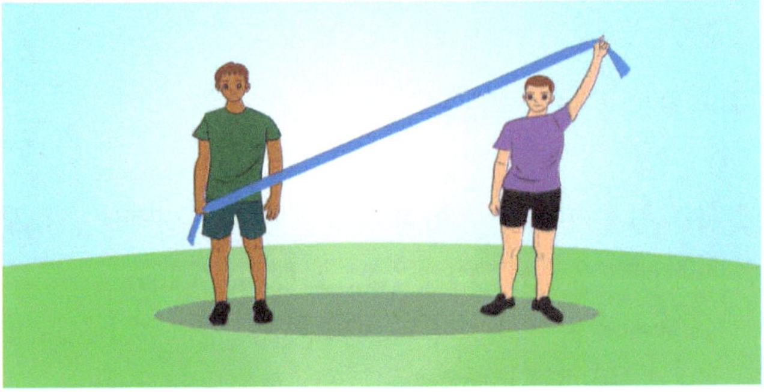

指导提示： 练习者在练习过程中保持肩胛骨和腹部收紧，躯干保持稳定，手臂要缓慢回到起始姿势，手臂要始终用力。每组每侧做10次。

拓展练习：

1. 练习者同时只用右（左）手抓住弹力带练习。
2. 单脚站立练习，练习者练习时，握弹力带的同侧脚抬起进行练习，但要保证动作的正确性。
3. 可站在不稳定的平面上如平衡半球上进行此练习，但要保证动作的正确性。
4. 随着力量的增加，可逐渐由阻力小的弹力带换成阻力大的弹力带。

练习20：重量杆快速提拉

练习功能： 发展核心力量与肌肉爆发力。

场地器材： 重量杆。

起始姿势：身体保持直立，双手握住重量杆两侧，自然下垂放于腹部前侧，双脚打开比肩稍宽。

练习步骤：身体慢慢下蹲，重量杆贴着身体慢慢向下放至小腿前侧，然后慢慢蹲起。重量杆贴着身体慢慢移动至腹部前侧，重量杆到达腹部前侧后，快速地屈肘提拉重量杆至胸前，最后慢慢恢复起始姿势。

指导提示：下蹲时，膝盖不能超过脚尖。提拉重量杆时，重心往上移动，脚后跟离地。

拓展练习：屈肘提拉重量杆至胸前后，进行快速翻肘动作，再慢慢恢复起始姿势。

练习 21：双手交叉握重量杆

练习功能：发展上肢肌肉力量。

场地器材：重量杆。

起始姿势：身体保持直立，双脚与肩同宽，双手伸直交叉竖握住重量杆。

练习步骤：双手依次交叉向上握住重量杆，握至顶端后，再依次向下双手交叉握住重量杆，以此循环练习。

指导提示：保持重量杆与地面的垂直。

拓展练习：可站在不稳定的平面如平衡半球上进行此练习，但要保证动作的正确性。

练习 22：重量杆转体

练习功能：发展核心力量与上肢肌肉力量。

场地器材：重量杆。

起始姿势：身体保持直立，双脚打开与肩同宽，双手胸前伸直竖握重量杆。

练习步骤：先向左缓慢转体至 90°，然后恢复起始姿势，再向右缓慢转体至 90°，以此循环练习。

指导提示：手臂伸直，身体保持直立。

扩展练习：

1. 双人转体传重量杆。
2. 可站在不稳定的平面如平衡半球上进行此练习，但要保证动作的正确性。

练习 23：重量杆蹲起

练习功能：发展下肢肌肉力量。

场地器材：重量杆。

起始姿势：身体直立站，双脚打开比肩稍宽，重量杆放于肩膀后上方，双手扶住重量杆保持平稳。

练习步骤：双脚缓慢屈膝下蹲，蹲起后双手向上推举重量杆，最后还原起始动作，以此重复练习。每组练习 15~20 次。

指导提示：下蹲时背要挺直，不能弯腰；膝盖要朝向正前方，不能向内扣或向外翻，膝盖始终不超过脚尖。

扩展练习：

1. 练习者可双脚并拢进行该项练习，增加对股四头肌的刺激。

2. 练习者可双脚分开较大距离进行该项练习，增加对内收肌的刺激。

3. 练习者蹲下后，可向上跳起。

4. 练习者可站立在平衡半球或平衡气枕上进行练习，但要注意保证动作的正确性。

练习 24：旋转重量杆

练习功能：发展上肢肌肉力量。

场地器材：重量杆。

起始姿势：身体直立站，双脚打开与肩同宽，双臂前平举，双手握住重量杆放于胸前。

练习步骤：双手顺时针或逆时针交叉旋转重量杆。

指导提示：旋转重量杆时由慢到快，进入一个匀速可控制状态。

扩展练习：可站在不稳定的平面如平衡半球上进行此练习，但要保证动作的正确性。

练习 25：重量杆弓步走

练习功能：发展肌肉耐力。

场地器材：重量杆。

起始姿势：练习者直立站，双脚打开与肩同宽，重量杆放于肩膀上，双手扶住重量杆。

练习步骤：先左脚弓步向前迈出，然后起身同时向前右弓步，以此重复练习。每组练习 15~20 次。

指导提示：上身保持平稳直立，后脚蹬地时尽量伸直。

扩展练习：

1. 重量杆原地弓步跳。
2. 重量杆侧向弓步走。
3. 可将重量杆放在肩膀上改成双手前平举握住重量杆，再进行该练习。
4. 可将重量杆放在肩膀上改成用双手举过头顶，再进行该练习。

练习 26：头顶胯下传球

练习功能：主要用于肩部和腰部的热身。

场地器材：药球。

起始姿势：2 名练习者背对背站立，大约相隔 3 脚的距离，双脚左右开立与肩同宽，一名练习者双手持球。

练习步骤：A 练习者弯腰将球从两腿间传给 B 练习者，B 练习者接到球后先挺直上身，再弯腰从胯下将球传给 A 练习者，如此反复，完成规定次数。

指导提示：练习者在胯下传球时尽量手臂伸直。

拓展练习：

1. 练习者背对背站立从身体左边或右边传球。

2. 可站在不稳定的平面如平衡半球上进行该练习。

练习 27：双人单腿站立互抛球

练习功能：主要发展核心肌肉群的稳定性。

场地器材：药球。

起始姿势：2 名练习者相对单腿站立，一名练习者双手屈肘持球，非持球练习者双手臂屈肘自然放于胸前，2 人相距大约 2 米。

练习步骤：2 名练习者相互传球。

指导提示：练习者在练习过程中控制好身体的稳定性。

拓展练习：

1. 可站在不稳定的平面如平衡半球上进行该练习，但要控制身体的稳定性。

2. 可旋转身体，从左边或右边相互传球。

3. 可改变传球的力度和角度。

练习 28：单手持球前后分腿蹲

练习功能： 主要发展下肢力量和核心肌肉的稳定性。

场地器材： 药球。

起始姿势： 练习者自然站立，右手持药球并举过头顶。

练习步骤： 练习者先向前跨一大步下蹲，保证两条腿的膝盖弯曲 90°，然后起立向后跨一大步下蹲，双腿膝关节同样弯曲 90°。完成规定次数，换对侧练习。

指导提示： 练习者在练习过程中眼睛平视前方，保持躯干竖直稳定，收紧腹肌。

拓展练习：

1. 可双手前平举持球，下蹲后上身向左或向右旋转，然后再回到起始位置。

2. 可以双人或多人练习，下蹲后相互传球，并可改变传球的力度。

练习 29：“V”字侧向抛球

练习功能： 主要发展腹部肌肉力量。

场地器材： 药球、瑜伽垫。

起始姿势： 练习者坐于瑜伽垫上，将腿和躯干抬离地面成“V”字形，躯干保持笔直，双腿微屈，双脚离地，双手自然放于胸前。另一名辅助练习者抱球站在练习者的左（右）侧大约 2 米处。

练习步骤： 辅助练习者将药球传给练习者，练习者双手接到药球后，迅速将身体转向右边，然后左右各 1 次，最后向左抛向辅助练习者。

指导提示：练习者在练习过程中手臂尽量放松，把球抛出去时速度要快。

拓展练习：

1. 练习者左右转时，将球触碰到地面。
2. 辅助练习者可加大传球力度、改变传球角度来增加练习的难度。
3. 练习者可坐在不稳定的平面如平衡半球、平衡气枕上进行该练习。

练习 30：仰卧起坐前抛球

练习功能：主要发展腹部肌肉力量。

场地器材：药球、瑜伽垫。

起始姿势：练习者屈腿坐在瑜伽垫上，两腿左右分开与肩同宽，双手手臂胸前前屈时刻准备接球。辅助练习者双手持药球屈肘举于头顶，站在练习者对面 1~2 米处。

练习步骤：辅助练习者双手把药球举至头顶，然后扔向练习者。练习者接到球后迅速举起药球后仰，后背触地，双脚抬起，然后迅速起身将球扔向辅助练习者。重复练习，完成规定次数。

指导提示：练习者在练习过程中腹肌收紧，往前抛球时躯干保持稳定。

拓展练习：

1. 练习者单手接球，单手将球抛向对侧脚的前方。

2. 练习者可将球抛向侧方。

3. 练习者和辅助练习者可改变传球的力度和角度。

练习 31：单手撑球俯卧撑

练习功能：主要发展上肢和胸部肌肉力量。

场地器材：药球。

起始姿势：练习者俯撑姿势，一只手撑地，另一只手撑球，双手双脚与肩同宽，双臂与地面垂直，躯干伸直，头部、肩部、髋部和踝部保持在同一平面。

练习步骤：练习者做俯卧撑，完成规定次数，交换手撑球。

指导提示：练习者在练习过程中保持身体稳定，腹肌收紧。

拓展练习：

1. 练习者做完一个俯卧撑后将球滚向另一只手臂，做下一个俯卧撑，交替下去，完成规定次数。

2. 练习者双手可一前一后撑地，做俯卧撑练习。

3. 练习者可抬起一侧脚，做俯卧撑练习。

4. 练习者可改变双手之间的距离，进行窄距俯卧撑或宽距俯卧撑练习。

练习 32：手持球下蹲

练习功能：主要发展下肢和腹背肌肉力量。

场地器材：药球。

起始姿势：练习者站立姿势，双脚站立与肩同宽，眼睛平视前方，双手持球于头部右上方。

练习步骤：练习者从站立位下蹲，在下蹲过程中双手持球直臂将球劈到身体的左下方，起立回到起始姿势。重复此动作，完成规定次数，换边练习。

指导提示： 练习者在练习过程中眼睛平视前方，腹肌收紧，下蹲时膝关节朝向正前方，不能内扣或外翻，且始终不超过脚尖。

拓展练习： 练习者单腿站立，双手持球将球从非支撑腿的上方劈到支撑腿的侧下方。

二、速度练习

速度素质是指人体快速移动和变化的能力，按其在运动中的表现，分为动作速度、反应速度、周期性运动位移速度三种形式。

在速度素质中，反应速度是指人体通过反射弧所需要的时间。动作速度是指完成单个动作时间的长短。周期性运动位移速度是指周期性运动中人体在单位时间内通过的距离。

儿童青少年青春期的神经系统处于快速发展的阶段，根据不同的运动表现与青少年儿童的身体素质，我们结合标志线、标志桶、标志碟等器材进行各种练习，能有效地提高反应速度、动作速度与周期性位移速度。

练习 33：左右移动摸脚

练习功能：主要发展练习者的速度素质，辅助发展练习者的平衡素质。

场地器材：无。

起始姿势：两脚左右分开站立，两脚相距大约 1 个肩膀的距离，两膝微屈，两手微屈置于体侧，保持背部挺立，目视前方。

练习步骤：首先向左移动，分 6 个节拍完成。第一拍，左脚向左横跨出一小步，大约 1 个肩膀的宽度；第二拍，右脚向左跟着移动 1 个肩膀的距离，还原成起始姿势；第三、四拍重复；第五拍左脚向左横跨出一小步；第六拍右膝屈曲、右脚抬起，用左手触摸右脚内侧。接着向右移动，同样分 6 个节拍完成，方法与向左移动一样，方向相反。

指导提示：练习者要保持上身姿势的稳定，尤其在第五拍提膝摸脚时，不要弯腰，尽可能地抬高膝盖。

拓展练习：2 人 1 组，面对面进行同步练习。

练习 34：双脚前后跳跃标志线

练习功能： 主要发展练习者的速度素质，辅助发展练习者的协调素质。

场地器材： 标志线。

起始姿势： 练习者站立，两手置于体侧，目视前方。在两脚前方横向放置一条标志线。

练习步骤： 练习者以起始姿势准备开始动作，教师给出“5”“10”“15”等数字口令，练习者迅速开始双脚快频前后跳跃标志线。跳跃的次数以教师给出的口令为准，争取用最短的时间完成。

指导提示： 注意双脚同时起跳，前脚掌落地。跳跃过程中要保持上身的稳定，上肢做自然配合。

拓展练习：

1. 2 人一组，面对面进行同步练习。
2. 可单脚进行练习。
3. 可结合左右跳跃标志线一起练习。

练习 35：双脚左右跳跃标志线

练习功能：主要发展练习者的速度素质，辅助发展练习者的协调素质。

场地器材：标志线。

起始姿势：站立，两手置于体侧，目视前方，在右脚的右侧约 10 厘米处放置一条标志线。

练习步骤：练习者以起始姿势准备开始动作，教师给出“5”“10”“15”等数字口令，练习者迅速开始双脚快频左右跳跃标志线，跳跃的次数以教师给出的口令为准。

指导提示：注意双脚同时起跳，前脚掌落地。跳跃过程中要保持上身的稳定。

拓展练习：

1. 2 人一组，面对面进行同步练习。
2. 可单脚进行练习。
3. 可结合前后跳跃标志线一起练习。

练习 36：开合跳跃标志线

练习功能：主要发展练习者的速度素质，辅助发展练习者的协调素质。

场地器材：标志线。

起始姿势：站立，两脚并拢，两手置于体侧，目视前方。在两脚的外侧约 10 厘米处放置 2 条标志线。

练习步骤：练习者以起始姿势准备开始动作，教师给出“5”“10”“15”等数字口令，练习者迅速开始快频做开合跳，跳跃过标志线，跳跃的次数以教师给出的口令为准。

指导提示：注意两脚前脚掌落地，跳跃过程中要保持上身的稳定。

拓展练习：

1. 2 人一组，面对面进行同步练习。

2. 可在敏捷梯上进行该项练习。

3. 跳跃过程中可配合上肢的运动，如手臂交替上举、手臂外展等，能同时锻炼身体的协调性。

练习 37：前后分脚跳跃标志线

练习功能：主要发展练习者的速度素质，辅助发展练习者的协调素质。

场地器材：标志线。

起始姿势：前后相距 20 厘米，平行放置 2 条标志线。练习者两脚前后分开跨越两条标志线站立，两脚前脚掌着地，目视前方。

练习步骤：练习者以起始姿势准备开始动作，教师给出“5”“10”“15”等数字口令，练习者迅速开始快频做前后分脚跳，跃过两条标志线，跳跃的次数以教师给出的口令为准。

指导提示：注意跳跃过程中两臂前后摆动，前脚掌落地。跳跃过程中要保持上身的稳定。要尽可能快地跳跃。

拓展练习：

1. 2 人一组，面对面进行同步练习。

2. 跳跃过程中可加入髋关节旋转的动作，但同时还要保持上身的稳定。

3. 跳跃过程中可配合上肢的运动，如手臂交替上举、手臂外展等，能同时锻炼身体的协调性。

练习 38：三角碎步跨越标志线

练习功能： 主要发展练习者的速度素质，辅助发展练习者的协调素质。

场地器材： 标志线。

起始姿势： 站立，两脚分开约 1 个肩膀的宽度，两手置于体侧，目视前方。在两脚前方约 10 厘米处横向放置一条标志线。

练习步骤： 练习者以起始姿势准备开始动作，教师给出“5”“10”“15”等数字口令，练习者迅速开始快频做三角碎步。方法如下：从起始姿势开始，6 个节拍完成动作。第一拍，右脚向前越过标志线前脚掌点地；第二拍，左脚原地做一个前脚掌点地动作；第三拍，右脚向后越过标志线，还原成起始姿势做一个前脚掌点地动作；第四拍，左脚向前越过标志线前脚掌点地；第五拍，右脚原地做一个前脚掌点地动作；第六拍，左脚向后越过标志线，还原成起始姿势做一个前脚掌点地动作。跨越标志线的次数以教师口令为准。

指导提示： 注意跨越过程中两臂前后摆动，前脚掌落地，保持上身的稳定。动作要尽可能快。

拓展练习：

1. 2 人一组，面对面进行同步练习。

2. 可使用敏捷梯进行行进中的练习。

3. 练习过程中可配合上肢的运动，如手臂交替上举、手臂外展等，能同时锻炼身体的协调性。

练习 39：快速滑步横移

练习功能：主要发展练习者的速度素质，辅助发展练习者的反应素质。

场地器材：锥形筒。

起始姿势：左右相距 4 米放置 2 个锥形筒，练习者在其中一个锥形筒后方站立，两脚左右分开略宽于肩膀，膝关节弯曲，上身前倾，两手置于膝盖前方，保持背部挺立，目视前方。

练习步骤：教师发出开始指令后，练习者迅速滑步移动至另一个锥形筒后方，到达后，再迅速滑步返回至起始位置。教师可以用具体的数字作为口令，口令给出后，练习者做出相应数字的折返练习。

指导提示：练习者要保持低重心，上身保持稳定，控制上下起伏和前后左右晃动的幅度，两臂同时前后摆动。

拓展练习：

1. 用交叉步代替滑步进行练习。

2. 用侧身跑代替滑步进行练习。

3. 2 人一组，面对面进行同步练习。

4. 可分组进行多人接力比赛，最先完成的一组获胜。

练习 40：二减一前进跑

练习功能：主要发展练习者的速度素质。

场地器材：标志碟。

起始姿势：练习者在第一个标志碟右侧站立。

练习步骤：教师给出“开始”命令后，练习者迅速下降重心形成半蹲起跑姿势。教师给出“开始”命令后，练习者迅速向前全速跑至第三个标志碟位置，然后急停，再迅速向后全速后退跑至第二个标志碟位置，再急停，然后再向前跑至第四个标志碟位置，急停后再向后后退跑至第三个标志碟位置，即每向前移动两个标志碟，就向后倒退一个标志碟，以二减一的模式进行速度练习。

指导提示：练习者要态度认真，反应迅速，以最快的速度进行移动，急停时要保持好平衡。

拓展练习：

1. 教师可以灵活运用此方法，可以多增加标志碟加大训练强度，也可以采用三减二、三减一等。

2. 跑步改为侧滑步或交叉步。

3. 可分组进行多人接力比赛，最先完成的一组获胜。

4. 可要求练习者到达每一个标志碟时都要用手触碰标志碟。

练习 41：两人四点移动

练习功能：主要发展练习者的速度素质。

场地器材：标志碟。

起始姿势：练习者 2 人一组，选择正方形任意一条对角线顶点位置的两个标志碟站立。

练习步骤：教师给出“准备”命令后，练习者迅速降低重心，准备开始移动，教师给出“开始”命令后，2 名练习者迅速启动按照顺时针的方向移动，规定移动的方式为：左右移动为滑步，向前移动为前进跑，向后移动为后退跑。教师根据练习者体能情况适当安排移动的圈数。

指导提示：教师在安排分组时，要安排速度能力相近的练习者为一组。

拓展练习：可以改变正方形每个边移动的方式，有多种组合方式，教师可以发挥想象来创造。比如，由左向右移动为侧向滑步，由右向左移动为侧向交叉步，向前移动为高抬腿跑，向后移动为后退跑。

练习 42：阻力跑

练习功能：主要发展练习者的步幅。

场地器材：阻力带。

练习步骤：

1. 2 名练习者一前一后站立，位于后方的练习者将阻力带套在前方练习者的腰上，并用双手紧握阻力带。

2. 教师给出“开始”口令后，位于前方的练习者开始跑步，尽可能把步子迈大一些。位于后方的练习者跟在后方，拉紧阻力带给前方的练习者提供阻力。

3. 跑完 50 米后，前后练习者交换位置，再次进行练习。

指导提示：位于前方的练习者尽可能把步子迈大，尽力向前跑。

练习 43：助力跑

练习功能：主要发展练习者的步频。

场地器材：牵引绳。

练习步骤：

1. 2 名练习者一前一后面对面站立，位于前方的练习者将牵引绳套在后方练习者的腰上，并用双手紧握牵引绳。

2. 教师给出“开始”口令后，位于后方的练习者开始跑步，尽可能加快步频。位于前方的练习者开始后退跑，拉紧牵引绳给后方的练习者提供助力。

3. 跑完 50 米后，前后练习者交换位置，再次进行练习。

教学提示：位于后方的练习者尽可能加快步频，注意节奏。

拓展练习：

1. 可使用敏捷梯进行该练习。

2. 可进行侧向的侧滑步练习。

练习 44：摆臂练习

练习功能：主要练习正确的身体姿势、摆臂姿势和频率，进而有助于加快步频。

场地器材：无

练习步骤：

1. 练习者身体直立，平视前方，保持屈肘 90°，手指轻握，拇指朝上。

2. 双臂贴近躯干摆臂，前后摆动均匀，前摆不高过鼻尖。

3. 每组练习 30 次，共练习 3~4 组。

指导提示：跟随节拍，逐渐加快节奏，摆臂频率与节拍频率保持一致。

拓展练习：无

三、耐力练习

（一）增加肌肉耐力的练习

练习 45：前后左右弓步

练习功能：增强肌肉耐力。

场地器材：无。

起始姿势：双手自然放于身体两侧，身体保持直立姿势准备。

练习步骤：先向身体正前方伸左腿做左弓步，蹲起后身体还原准备姿势，再向身体左侧伸左腿做侧压，蹲起后身体还原准备姿势，然后再向身体后方伸左腿做弓步，蹲起后还原准备姿势，最后向身体右侧伸右腿做侧压，蹲起后还原准备姿势。每组练习 10 次，共练习 3~5 组。

指导提示：腰部保持直立，手臂配合摆动。

拓展练习：

1. 练习者可双臂前平举、侧平举或上举进行该练习。

2. 练习者可手握哑铃进行该练习，增加负重。

3. 可让学生排成一排，同时进行该项练习，在弓步下蹲后从第一名练习者向最后一名练习者依次转身传球，可使用实心球增加练习者的负重。

练习 46：前后左右分腿屈膝摸地

练习功能：增强肌肉耐力。

场地器材：无。

起始姿势：所有人面朝内，双手自然放于身体两侧，双脚开立与肩同宽。

练习步骤：向左侧向移动 2 步，屈膝半蹲用左手摸地。起来后向右侧向移动两步，屈膝半蹲用右手摸地，起来后向前小跑 3 步，屈膝半蹲用左手摸摸地，起来后向后小跑 3 步屈膝半蹲用右手摸地，以此类推。

指导提示：上身保持平稳。

拓展练习：无。

练习 47：屈膝转体上下摆臂

练习功能：增强肌肉耐力。

场地器材：无。

起始姿势：所有人面朝内，双手自然放于身体两侧，双脚开立与肩同宽。

练习步骤：屈膝全蹲，双手伸直分别触摸右脚尖内侧与外侧，蹲起身体直立后，双手上举伸直，然后再屈膝去全蹲，双手伸直分别触摸左脚脚尖内侧与外侧，蹲起身体直立后，双手上举伸直。每组练习 15~20 次，共练习 3~5 组。

指导提示：腰背保持直立，全脚掌着地保持平稳，蹲下后膝盖不要超过脚尖，膝关节要朝向正前方，不能有内扣或外翻。

拓展练习：蹲起恢复直立位时可向上跳起，然后再进行另一侧动作练习。

练习 48：俯撑抬手提脚

练习功能：提高肌肉耐力。

场地器材：无。

起始姿势：所有人面朝内围成一个圆圈，俯撑姿势准备。

练习步骤：先同时抬起右手与左腿，然后还原俯撑，再抬起左手与右脚，然后还原俯撑，最后做一个俯卧撑。每组练习 15~20 次，共练习 3~5 组。

指导提示： 小腹适当紧绷，腰背部保持与地面平行。

拓展练习：

1. 可改变双手的位置，可与肩同宽、比肩宽、比肩窄、双手一前一后撑地等。

2. 抬起一侧腿后，可再做髋外展并屈膝的练习，增加对臀中肌的锻炼。

3. 可在两脚上套上阻力圈，使腿部在上抬时有一定的阻力，从而增加对肌肉的负荷。

4. 可进行行进间练习，即熊爬。双手双脚撑地，双膝不跪地，前进时右手左脚 / 左手右脚一起动。可前后 / 左右来回爬行。

练习 49：立卧撑

练习功能： 增强肌肉耐力。

场地器材： 无。

起始姿势： 所有人面朝内围成一个圆圈站好。

练习步骤：

1. 听教师口令，腰部弯曲，将臀部向后方移动，向下蹲到双手可以刚好放在双脚前方的地面上的位置。

2. 双脚蹬至身体后侧，使身体呈现俯卧撑姿势，做一个俯卧撑。

3. 将双腿卷曲回到身体下方呈深蹲动作姿势。

4. 身体向上跳起，站直，即为完成一个完整的动作。

5. 每组练习 15~20 次，共练习 3~5 组。

指导提示：下蹲时膝盖不要超过脚尖，重心向后；手撑地后形成俯卧撑姿势，躯干要保持稳定，不要塌腰驼背；手臂放在身体正下方接近 90° 的位置；双腿卷曲回到蹲姿的动作必须确保脚掌与地面贴平，重心在双脚中间。

拓展练习：

1. 如果练习者做俯卧撑有困难，可先跳过这一步。

2. 做俯卧撑时，可交替抬起一侧手臂，做划船动作。

3. 做俯卧撑时，可交替抬起一侧腿。

4. 双脚快速回到身体下方时，可屈膝收腿。

5. 向上跳起时可抱膝跳起。

6. 向上跳起时可转身，然后在另一个方向继续做下一次动作。

练习 50：俯卧抬手抬脚

练习功能： 增强肌肉耐力。

场地器材： 无。

起始姿势： 所有人面朝内向下平躺在地面上，双手双脚伸直姿势准备。

练习步骤： 听教师口令，先同时把左手和右脚向上抬起，保持 10 秒后还原起始姿势，然后再次把右手和左脚同时向上抬起，保持 10 秒。每组练习 15~20 次，共练习 3~5 组。

指导提示： 抬起手脚时尽量伸直，眼睛看向正前方，腰部适当紧绷。

拓展练习：

1. 可同时向上抬同侧手和脚。
2. 手上可握小哑铃进行该练习，增加练习的负荷。
3. 双脚上可套一个阻力圈，增加脚向上抬时的阻力。
4. 可俯卧于瑜伽球上，双脚着地，然后进行该练习。

练习 51：并脚前后左右跳跃

练习功能： 增强心肺功能与肌肉耐力。

场地器材： 无。

起始姿势： 所有人面朝内围成一个圆圈，双手保持平举，成双腿并脚姿势准备。

练习步骤： 听教师口令，所有人向前方跳跃 1 次后再跳回起点，依次向前后左右循环跳跃。每组练习 1 分钟，每次练习 3~5 组。

指导提示： 上身保持直立平衡，要尽可能快地完成练习。

拓展练习：

1. 可进行双人练习。2 名练习者相对站立，双手握住同一根弹力带的两端，然后同时向后跳跃。以此类推进行向前后左右 4 个方向上的跳跃，从而增加练习的阻力。

2. 可单脚跳跃进行练习。

3. 可在敏捷梯上进行该练习。

练习 52：蹲跳下砸手臂

练习功能： 增强肌肉耐力。

场地器材： 无。

起始姿势： 所有人面朝内围成一个圆圈，双手伸直上举过头顶，双脚成自然开立姿势准备。

练习步骤： 听教师口令，双手往下砸手臂，同时双脚也同时向两侧打开，成半蹲姿势，以此循环练习。

指导提示： 手臂下砸时腹部收紧，同时往外吐气。

拓展练习： 准备姿势时双手可自然垂于体侧，蹲跳时双臂外展。

练习 53：俯撑提臂

练习功能： 增强肌肉耐力。

场地器材： 无。

起始姿势： 所有人面朝内围成一个圆圈，双手屈肘俯撑姿势准备。

练习步骤： 听教师口令，所有人提臀上翘，定住 3 秒后还原至起始姿势。每组重复练习 15~20 次，每次练习 3~5 组。

指导提示： 腰腹部保持适当紧绷，臀部上翘时脚尖向上发力，手臂支撑不动。

拓展练习： 无。

练习 54：前后左右高抬腿摸脚练习

练习功能： 增强心肺功能与肌肉耐力。

场地器材： 无。

起始姿势： 所有人面朝内围成一个圆圈，双手自然放于身体两侧，双脚自然开立准备。

练习步骤：听教师口令，向前小跑 2 步，屈膝抬右腿用左手摸右脚的脚踝内侧，然后后退到原点。屈膝抬左腿用右手摸左腿脚踝内侧，以此前后左右循环练习。每组练习持续 1 分钟，每次练习 3~5 组。

指导提示：上身保持直立，屈膝抬腿时收紧小腹，尽量抬高大腿，而不是弯腰。

拓展练习：无。

练习 55：左右跳单足撑

练习功能：增强肌肉耐力。

场地器材：无。

起始姿势：所有人面朝内围成一个圆圈，双手自然放于身体两侧，双脚自然开立。

练习步骤：听教师口令，左腿向身体左侧跳跃，左腿屈膝向后勾，手臂前后摆动，成左手在前右手在后姿势，然后右腿向身体右侧跳跃，右腿屈膝向后勾，手臂前后摆动，成右手在前左手在后姿势。每组练习 15~20 次，共练习 3~5 组。

指导提示：注意左右跳时手臂的摆动，保持身体节奏的顺畅。

拓展练习：

1. 可 2 人一组进行练习。2 名练习者并排站立，分别握住弹力带的两端，然后进行该练习。

2. 可前后单足跳进行该练习。

3. 可 2 人一组进行练习。在单脚跳跃落地后，相互从正面或侧面传接实心球。

练习 56：半蹲负重举臂

练习功能：锻炼肌肉耐力。

场地器材：哑铃。

起始姿势：所有人面朝内围成一个圆圈，双手握住哑铃自然放于身体两侧，双脚开立与肩同宽。

练习步骤：听教师口令，所有人保持半蹲状态，双手抬起屈肘向上伸举哑铃 3 次，然后还原至起始姿势。每组练习 15~20 次，共练习 3~5 组。

指导提示：腰部保持适当紧绷，伸举哑铃时双手伸直。

拓展练习：

1. 练习者可手握哑铃，直臂外展进行该练习。

2. 练习者可手握哑铃，直臂前屈进行该练习。

3. 练习者可手握哑铃，双臂外展，肘关节屈曲 90°，进行肩关节旋内或旋外练习。

4. 练习者可手握哑铃，直臂外展 90° 后，肩胛骨内侧肌肉用力使肩胛骨向脊柱方向移动。

练习 57：俄式转体

练习功能： 增强核心力量与肌肉耐力。

场地器材： 重力球。

起始姿势： 所有人面朝内围成一个圆圈，躺在地上，双脚交叉，背部保持平坦，膝关节微微弯曲。

练习步骤：

1. 听到教师“开始”口令后，保持下半身不动，抬起上半身，使上身和下身呈“V”字形。双臂伸直前屈至垂直身体的角度，双手紧握重力球。

2. 注意力集中在腹肌上，用力向右扭动身体，直到手臂与地面平行，同时呼气，保持腹肌持续收缩，然后回到起始位置，然后向左扭动身体完成同样的动作。每组练习 15~20 次，共练习 3~5 组。

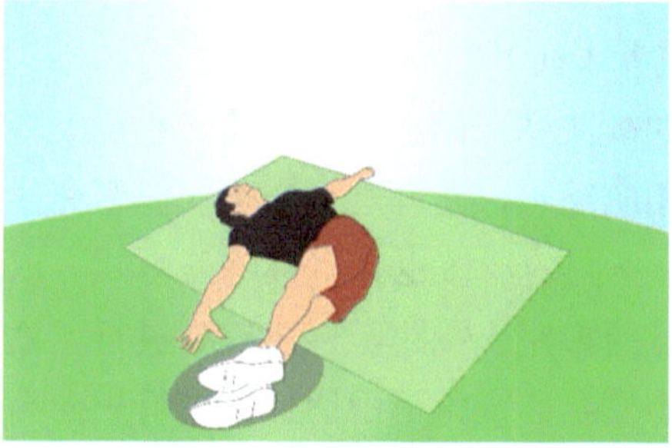

指导提示： 上身保持直立，腰部保持适当紧绷，注意呼吸。

拓展练习：

1. 可双脚抬离地面，增加练习的难度。

2. 可进行双人练习，转体后相互传接球。

3. 可进行下肢俄式转体练习。练习者躺在地上，双手展开按住地面，抬起双脚到一定高度，然后双脚朝左边慢慢放下（不要碰到地面），过程中保持肩膀不动，然后抬起双腿转向另一侧。

4. 可进行瑜伽球转体。练习者躺在瑜伽球上，双脚着地，双手握住哑铃，手臂伸直与身体呈 90° ，然后往左 / 右转动直到双手与地面平行，然后回到起始位置并转向对侧。

（二）增加心肺耐力的练习

练习 58：长距离慢跑（LSD）

青少年的目标距离可定为慢跑半小时，或者 1 500~2 000 米。

可在操场上隔一段距离摆放一些器械，如敏捷梯、标志碗、标筒、小栏架等，让青少年在器械之间慢跑，跑到器械处进行相应练习，循环进行。跑动总距离达到 1500~2000 米。这种练习可有多种组合方式，不同的器械也有多种练习方式。以下图为例，可从敏捷梯开始，先进行正向进出敏捷梯跑，慢跑至标志碗处进行“之”字绕桩，慢跑至小栏架处进行单脚快速跳跃小栏架，慢跑至敏捷梯处进行正向高抬腿敏捷梯跑，慢跑至标志碗处进行“8”字绕桩，慢跑至标志碗处进行弓步跳，慢跑至小栏架处进行侧向快速双脚跳跃小栏架，慢跑至标志碗处进行前进侧滑练习，再慢跑至敏捷梯处进行下一个循环的练习。在这个例子中，每个练习都可换成其他的练习进行任意组合。

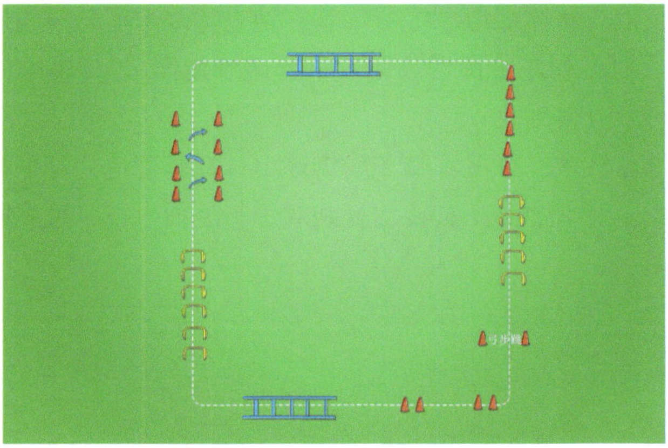

练习 59：高强度间歇性练习（HIIT）

这种练习方式是严格控制 2 组练习之间的间歇时间，使身体处于不完全恢复的状态下即进行下一项练习。练习的强度要高，训练和间歇时间的比例为 1∶1~1∶3。这是一种训练的安排方法，具体训练内容可以任意组合，只要达到高强度、控制训练时间和间歇时间即可。例如，准备活动后，半蹲开合跳 20 秒，休息 30 秒，深蹲跳 20 秒，休息 30 秒，立卧撑 20 秒，休息 30 秒，平板支撑爬行 20 秒，休息 30 秒，弓步跳 20 秒，休息 30 秒，平板支撑开合跳 20 秒，休息 30 秒，交替触膝卷腹 20 秒，休息 30 秒，原地高抬腿 20 秒，再进行整理活动。

可根据学校已有的器械、场地大小灵活选择练习的内容，将肌肉耐力练习、灵敏协调练习和心肺耐力练习结合起来，增加练习的趣味性。

四、灵敏练习

通常认为灵敏素质是指人在各种活动中，在突然变换的条件下迅速、合理、准确地完成各种动作（活动）的能力，包括反应灵敏、动作灵敏两个方面。儿童青少年灵敏素质的发展对其运动能力的发展有重要的影响。

灵敏素质在体能中有着相当重要的作用，它是各种运动技能和身体素质在运动中的综合表现，而平衡能力及速度、力量和协调能力的高低是衡量灵敏性水平的关键因素。

练习 60：滑步横移抛接球

练习功能：主要发展练习者的灵敏素质，辅助发展练习者的速度素质。

场地器材：锥形筒、反应球。

起始姿势：2 人一组，一人为练习者，另一人为辅助练习者。左右相距 4 米放置 2 个锥形筒，练习者在右侧锥形筒后方站立，两脚左右分开略宽于肩膀，膝关节弯曲，上身前倾，两手置于膝盖前方，保持背部挺立，眼睛注视辅助练习者。辅助练习者在 2 个锥形筒正前方 3 米左右距离站立，两脚左右分开略宽于肩膀，膝关节弯曲，上身前倾，两手分别拿 1 个反应球，眼睛注视练习者。

练习步骤：教师发出“开始”指令后，辅助练习者将左手的反应球抛向地面，球经过地面反弹给练习者，练习者接住反应球后迅速再将球反弹回辅助练习者，同时迅速滑步移动至左侧锥形筒后。辅助练习者接住练习者抛过来的球的同时，将右手中的反应球反弹给练习者，练习者接住球后再反弹回辅助练习者，并迅速滑步返回起始位置。教师可以用具体的数字作为口令，口令给出后，练习者做出相应数字的折返练习。

指导提示：练习者要保持低重心，上身保持稳定，控制上下起伏和前后左右晃动的幅度，两臂同时前后摆动，注意节奏的变化。初期练习时，辅助练习者可以等练习者移动到位后再抛球，熟练后逐渐加快抛接球的节奏。

拓展练习：

1. 用前后交叉步代替滑步进行练习。
2. 用侧身跑代替滑步进行练习。
3. 听教师口令，小组同时抛接球练习。
4. 抛 2 球、3 球接球练习。

练习 61：影子侧滑步

练习功能：主要发展练习者的灵敏和速度素质。

场地器材：标志碟。

起始姿势：2 名练习者，在最左侧标志碟两侧，面对面站立。听到教师“准备”口令后，屈膝降低重心，两脚距离比肩略宽，上身前倾，两手自然下垂于体前，眼睛注视对方。2 人分配角色，一人为行动者，另一人为影子。

练习步骤：教师给出“开始”口令后，行动者迅速滑步移动至任意一个标志碟后方，稍做停留等待影子同样移动到位后，再迅速滑步至另一个随机标志碟位置。影子要努力争取在最短的时间内做出判断，再以最快的速度跟随行动者的脚步。

指导提示：练习者之间保持一定距离，避免碰撞。

拓展练习：

1. 可以用侧身跑替换侧身滑步。

2. 可以在行动者和影子到达标志碟位置后，增加一个动作（如俯卧撑或者高抬腿等），完成动作后再迅速向下一个目标移动。

练习 62：绳梯 1 步小步跑

练习功能：主要发展练习者的灵敏素质，辅助发展练习者的速度和协调素质。

场地器材： 绳梯。

起始姿势： 练习者以立正姿势在绳梯第一格后方站立，正面对绳梯方向。

练习步骤： 教师给出“开始”口令后，练习者迅速半高抬腿前进跑，一只脚踩进一格依次跑过。

指导提示： 注意做出半高抬腿的动作要有节奏感，熟练后以最快速度跑过。

拓展练习：

1. 可通过改变动作的速度和节奏，或者通过计时完成的方式拓展练习方法。
2. 可以进行后退跑练习。
3. 可以以小组接力比赛的方式完成练习。
4. 小步跑可改为高抬腿跑。
5. 可在绳梯的小格中加入障碍物。
6. 绳梯 2 步跑（练习者迅速启动向前小步跑，在每个绳梯格内踩 2 步，每一小格左右脚前后进入）。

练习 63：绳梯转髋

练习功能： 主要发展练习者的灵敏素质，辅助发展练习者的协调和速度素质。

场地器材： 绳梯。

起始姿势： 侧身，左脚在第一格内，右脚在格外，两臂侧平举。

练习步骤： 教师给出“开始”口令后，练习者右脚前交叉移至第二格内，左脚移至第三格，右脚前交叉移至第四格内。以此循环进行。

指导提示： 注意上体要保持直立，转髋但不转体，尽量不要踩到绳梯。

拓展练习：

1. 可以通过改变动作的频率、节奏以及计时完成的方式来拓展此练习。
2. 可以在练习过程中添加单个跳跃动作。
3. 可以小组为单位进行接力比赛。

练习 64："米"字跳

练习功能：主要发展练习者的灵敏素质，辅助发展练习者的速度素质。

场地器材：标志线。

起始姿势：练习者以立正姿势站在"米"字区内。

练习步骤：教师给出"开始"口令后，练习者双脚起跳，可按照顺时针或逆时针循环跳跃，循环的次数由教师根据练习者的体能情况适当安排。

指导提示：保持身体面向前方。跳跃过程中，不要转体，保持身体平衡，要有节奏感。

拓展练习：

1. 可改变练习者跳跃的速度和节奏，或者通过计时完成的方法来拓展练习。
2. 可以通过改变跳跃的模式来拓展练习（单脚跳、后退跳）。
3. 以小组为单位同时进行小组淘汰赛。

练习 65：三角跳跃

练习功能： 主要发展练习者的灵敏素质，辅助发展练习者的协调和速度素质。

场地器材： 标志线。

起始姿势： 练习者以立正姿势站在三角线外。

练习步骤： 教师给出“开始”口令后，练习者顺时针或逆时针绕三角线跳跃。

指导提示： 保持身体面向前方。在跳跃过程中，不要转体，保持身体平衡，要有节奏感。

拓展练习：

1. 教师可改变练习者跳跃的速度和节奏，或者通过计时完成的方法。
2. 可以通过改变跳跃的边线顺序来拓展练习。

五、协调练习

练习 66：绳梯开合前交叉跳

练习功能：主要发展练习者的协调素质。

场地器材：绳梯。

起始姿势：正对绳梯，双腿开立站在第一个格的两侧，双臂屈肘置于体侧。

练习步骤：教师给出“开始”口令后，练习者双脚同时起跳，在空中交叉成前后开立，分别落在第一格和第二格内。前后脚同时起跳，在空中左右打开双脚，落在第二格的两侧。重复以上动作，每次跳进格内时，要交换前后脚的位置。

指导提示：动作熟练后，要尽量缩短脚触地的时间，行进过程中要有节奏感。

拓展练习：

1. 教师可以通过变换动作频率、节奏或者计时来完成此练习。
2. 可以拓展为后退的开合后交叉跳。
3. 可以设计成小组间接力比赛。

练习 67：绳梯开合跳

练习功能：主要发展练习者的协调素质，辅助发展练习者的力量和速度素质。

场地器材：绳梯。

起始姿势：在绳梯第一格后保持立正姿势。

练习步骤：教师给出“开始”口令后，练习者向前跳跃落地后保持双脚开立站在第一格的两侧，半蹲姿势保持大腿与地面平行，双臂屈肘侧举。双脚同时跳入第二格内，保持半蹲姿势，两臂屈肘胸前举。以此循环进行。

指导提示：跳跃过程中前脚掌着地，行进过程中要有节奏感，熟练后加快节奏和速度。

拓展练习：

1. 可以通过改变动作的频率、节奏、膝关节弯曲角度或者通过计时完成的方式来拓展此练习。

2. 可以增加折返练习，即增加此动作的逆过程。

3. 2 名同学一组相向完成此动作，保持动作一致。

练习 68：双手触脚跳

练习功能：主要发展练习者的协调素质。

场地器材：绳梯。

起始姿势：练习者双脚开立站在绳梯第一格两侧，两臂自然下垂。

练习步骤：教师给出“开始”口令后，练习者双脚起跳，右脚高抬膝关节并外展，用左手触碰右脚踝，触脚后迅速下压膝关节落在第二格右侧边框外，同时左脚落在第一格内。重心移至右脚。双脚起跳，左脚高抬膝关节并外展，用右手触碰左脚踝，触脚后迅速下压膝关节落在第二格右侧边框外，同时右脚落在第一格内。依次循环向前。

指导提示：背部保持直立，膝关节高抬并充分外展，动作轻盈快速，节奏感要强。

拓展练习：

1. 膝关节内收，用同侧手触外脚踝。
2. 小组接力比赛。
3. 添加向后踢腿触脚跳动作，由 2 次触脚变为 4 次触脚。

练习 69：绳梯侧踹前行

练习功能：主要发展练习者的协调素质，辅助发展练习者的平衡素质。

场地器材：绳梯。

起始姿势：练习者正面绳梯方向，左脚置于第一格内，双脚前后开立。

练习步骤：教师发出“开始”口令后，练习者右脚向前侧踹，之后顺势落在第二格内。身体转向另一侧，用左脚再完成一次侧踹，之后顺势落在第三格。依次循环进行。

指导提示：注意侧踹要领，即先提膝，折叠小腿后再蹬出。尽量控制身体平衡，要有节奏感。前后练习要相隔一定距离。

拓展练习：

1. 教师可规定节奏和频率来拓展此练习。
2. 可以将侧踹拓展为前踢、后蹬、侧摆腿。
3. 2 人各占一条绳梯，照镜子完成动作。

练习 70：绳梯环转前行

练习功能：主要发展练习者的协调素质，辅助发展练习者的平衡素质。

场地器材：绳梯。

起始姿势：练习者正对绳梯方向，保持立正姿势。

练习步骤：教师给出“开始”口令后，练习者双脚起跳，进入第一格。环转 180° 双脚跳入第二格。反向环转 180° 跳入第三格。换一下环转方向，重复一遍以上动作。依次循环进行。

指导提示：注意动作要有节奏地进行。

拓展练习：

1. 拓展此练习为用单脚完成。
2. 增加难度，每次旋转 360° 。
3. 小组成员同时完成动作，同时添加拍手的动作。

练习 71：正向框内框外前移

练习功能：主要发展练习者的协调素质，辅助发展练习者的速度素质。

场地器材：绳梯。

起始姿势：练习者正对绳梯，成立正姿势，双脚站在第一格内，两臂屈肘置于体侧。

练习步骤：教师发出“开始”口令后，练习者双脚依次迈步，右脚移出到第一格右边框外，左脚移出到第一格左边框外。触地后，右脚和左脚依次再迅速迈步进入第二格内。依此循环前行。

指导提示： 整个动作过程要求没有停顿、节奏清晰，脚与地面接触的时间越短越好。

拓展练习：

1. 可将此练习的逆过程即背向框内框外后移作为拓展练习。
2. 完成脚部动作的同时完成传球动作。

练习 72：绳梯单脚侧跨前移

练习功能： 主要发展练习者的协调素质和灵敏素质，辅助发展练习者的速度素质。

场地器材： 绳梯。

起始姿势： 练习者正对绳梯方向，站在第一格的左侧。

练习步骤： 教师发出“开始”口令后，练习者右脚向右迈步到第一格内。右脚触地后，左脚抬起，左脚在原地落下。左脚触地后，右脚抬起，再次落回到第一格左外侧。右脚触地后，左脚向前迈步到第二格的左侧框外。左脚落地后，右脚向前迈步到第二格格内。依此循环向前移动。

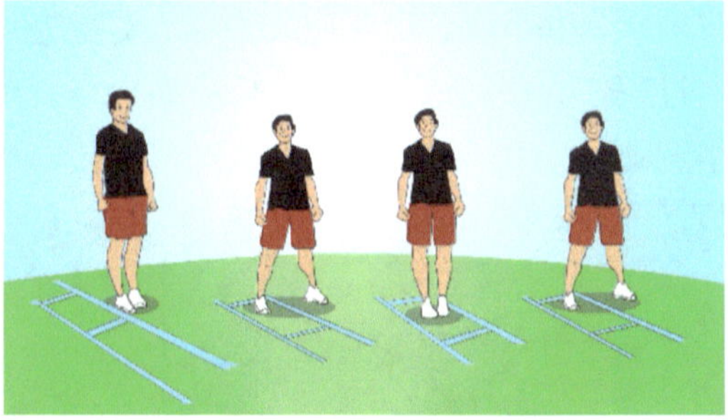

指导提示：动作过程中要尽量缩短脚与地面的接触时间，行进过程中要有节奏感。

拓展练习：

1. 教师可规定练习的频率和节奏，可变速或者变节奏行进，也可计时完成。
2. 可将此动作的逆过程作为拓展练习，即向后移动。

练习 73：绳梯正向 3 步左右侧踩前移

练习功能：主要发展练习者的协调和灵敏素质，辅助发展练习者的速度素质。

场地器材：绳梯。

起始姿势：练习者正面绳梯方向，以立正姿势，站于绳梯第一格后方，两臂屈肘自然置于体侧。

练习步骤：教师发出“开始”口令后，练习者左脚向前迈步至第一格内。左脚落地后，右脚迅速跟进至第一格内。右脚落地后，左脚向左迈步至第一格左侧边框外。左脚落地后，右脚迅速向前迈步至第二格格内。右脚落地后，左脚跟进迈步至第二格格内。左脚落地后，右脚迅速向右迈步至第二格右侧边框外。右脚落地后，左脚向前迈步至第三格格内。依此循环进行。

指导提示： 练习过程中要有节奏感，尽量缩短脚与地面接触的时间。

拓展练习：

1. 教师可规定练习的频率和节奏，可变速或者变节奏行进，也可计时完成。
2. 可将此动作的逆过程作为拓展练习，即向后移动。
3. 教师可组织小组竞赛。

练习 74：双脚跳加绕臂

练习功能： 锻炼身体的协调性与耐力。

场地器材： 绳梯。

起始姿势： 练习者正面绳梯方向，以立正姿势，站于绳梯第一格后方，两臂屈肘自然置于体侧。

练习步骤： 听教师口令，双脚往前跳跃进第一格，身体腾空中双臂围着身体环绕，一格一格跳跃。以此类推。

指导提示： 跳跃时上身保持直立，绕臂与跳跃的节奏保持稳定。

拓展练习：

1. 双脚跳改为单脚跳。

2. 双脚跳跃时可在空中交叉。

3. 教师可组织小组同学进行双脚跳竞赛。

练习 75：绳梯侧滑步抛球

练习功能：锻炼身体的协调能力。

场地器材：绳梯、球。

起始姿势：身体左侧侧对绳梯第一格，双脚开立与肩同宽，双手抱球放于身前保持平衡姿势准备。

练习步骤：左脚迈入第一格后，成单腿屈膝抬腿姿势，然后右脚顺势迈入第一格，以此循环交替进行。滑步的同时进行头顶抛球。

指导提示：连续的侧滑步抛球要保持身体的平衡与协调，慢慢加速至最快速度。

拓展练习：

1. 双人对向侧滑步相互传球。

2. 侧滑步 2 人追逐跑。

练习 76：绳梯垫脚跳

练习功能：锻炼身体协调性、下肢的肌肉力量。

场地器材：绳梯。

起始姿势：身体右侧对着绳梯第一格，双手放于身体两侧，保持平衡姿势准备。

练习步骤：右脚跳入第一格后，左脚顺势屈膝抬起成半高抬腿动作，左脚放入第一格时接着一个小跳步，右脚顺势屈膝抬起，以此类推循环。

指导提示：保持背部直立，手脚相互协调摆动。

拓展练习：

1. 小组追逐垫脚跳。
2. 转身垫脚跳。
3. 高抬腿垫脚跳。
4. 后踢腿垫脚跳。

练习 77：侧向前后交叉步

练习功能：发展身体的协调能力。

场地器材： 绳梯。

起始姿势： 身体左侧对向绳梯第一格，双臂平举，保持平衡姿势准备。

练习步骤： 左脚迈入第一格内，右脚从左脚后面交叉至第一格内，左脚继续迈入第二格内，右脚从左脚的前面交至第二格内。以此类推。

指导提示： 双臂平举保持身体平衡，注意节奏的稳定。

拓展练习：

1. 2 人正对面侧向交叉步传球。
2. 2 组侧向交叉步竞速比赛。
3. 小组同时交叉步拍手。

练习 78：双脚跳

练习功能： 锻炼身体的协调能力与下肢肌肉力量。

场地器材： 绳梯。

起始姿势： 身体正对绳梯，双手自然放于身体两侧，双脚做起跳姿势准备。

练习步骤： 双脚并拢同时向上屈膝跳入第一格，双脚着地后继续跳入第二格，以此循环。

指导提示：落地后屈膝缓冲，避免膝关节受伤。

拓展练习：

1. 正向单脚跳、侧向单脚跳。
2. 双人进出跳。
3. 小组双脚跳竞速。

六、平衡练习

练习 79：单脚站立平衡性练习

练习功能：锻炼身体单侧的肌肉控制能力及平衡协调能力。

场地器材：无。

起始姿势：双脚与肩同宽，脚尖向前，双臂平举，双眼平视前方。

练习步骤：左腿支撑，右侧屈髋屈膝 90° 上抬，腿部上抬到正确位置后，上体保持直立状态，尽量保持身体的平衡。可保持 10~30 秒，换另一侧脚支撑。

指导提示：腹部以及臀部肌肉有紧张感。

拓展练习：

1. 提高动作难度，练习者可以闭上双眼进行单腿站立平衡性练习。

2. 可在平衡垫上进行。

3. 双人相互干扰练习（2 人面对面站立，闭眼，由教师发出“开始”口令后，双方可用手指触及对方的身体，单腿支撑时间较长者为获胜方）。

练习 80：前后弓步蹲

练习功能：通过提高髋关节的稳定性来提高身体的平衡控制能力。

场地器材：无。

起始姿势：练习者成前后分腿跪姿，后腿膝关节位于不平衡垫上，双臂向前伸直，掌心相对，双侧髋关节朝着正前方。

练习步骤：练习者成前后分腿跪姿，后腿膝关节位于不平衡垫上，后脚脚尖触地，双臂向前伸直，掌心相对，双侧髋关节朝着正前方，双眼平视前方。每侧腿保持 5 秒换另一侧。

指导提示：臀部以及腹部肌肉收紧。

拓展练习：

1. 可进行干扰性练习。2 人一组，干扰者通过触碰练习者的肩部以及双臂，以保持身体平衡时间较长者获胜。

2. 可进行踩踏不平衡板的小组过河游戏。

练习 81：躯干平衡性练习

练习功能：增强上下肢的协调配合能力以及躯干的平衡稳定性。

场地器材：无。

起始姿势：练习者成双肘伸直双膝跪于地面姿势，腹部收紧，后背部保持平直。

练习步骤：俯撑于垫上，膝关节屈成 90° ，腰背挺直；左手和右腿缓慢伸开，身体保持稳定，再用左肘碰右膝。两侧交替进行练习。

指导提示： 要求臀部以及腹部肌肉收紧，后背部保持平直，身体尽量保持平稳，不要出现左右晃动。

拓展练习：

1. 在对侧完成较好的情况下，可进行同侧的练习。
2. 可在平衡垫上完成此动作。
3. 小组内同学进行动作竞赛（能坚持的时间较长者获胜）。
4. 小组间同学进行接力竞赛（小组保持统一动作，其中一人以其余同学为跨栏，小组每人完成一次跨栏，速度最快的小组获胜）。

练习 82：金鸡独立展单翅

练习功能： 主要发展身体的神经肌肉协调控制能力。

场地器材： 无。

起始姿势： 练习者单脚站立，另一只脚放在支撑腿的大腿内侧，双手臂前平举（立掌），眼睛平视前方。

练习步骤： 练习者一只手臂侧平举，眼睛跟着侧平举的手臂走，然后回到前平举，交换另一只手臂做侧平举，每只手臂做 5 次。交换支撑腿继续练习此动作。

指导提示：练习者在练习过程中控制好身体的平衡，腹部以及臀部肌肉有紧张感。

拓展练习：

1. 练习者双手握弹力带完成上述练习步骤。

2. 练习者可在平衡垫上进行上述练习。

3. 双人相互干扰练习（2 人面对面站立，由教师发出“开始”口令后，双方可用手指触及对方的身体，支撑时间较长者为获胜方）。

练习 83：触脚抱膝平衡

练习功能：主要发展单腿平衡与动作动态变化中身体神经肌肉协调控制能力。

场地器材：无。

起始姿势：练习者单腿站立，另一只腿高抬，大腿与地面平行，两臂自然放于两侧，两眼平视前方。

练习步骤：练习者从起始姿势非支撑腿后举，上体前倾与地面平行，双手下伸去触摸支撑脚的脚尖，控制3秒，然后快速将后举腿提膝至胸前，同时双手抱膝，然后跳至另一只腿单腿支撑，同起始姿势，练习此动作。

指导提示：练习者在动作变化过程中控制好身体的平衡，不断变化姿势寻找新的平衡。

拓展练习：

1. 练习者可闭眼完成上述动作。
2. 练习者可围成圆圈，同时完成教师给出节奏指令的上述动作。
3. 练习者可在跑道上完成此动作竞速，原地换腿步骤变为弓步向前走。
4. 练习者可把非支撑腿后举，上体前倾与地面平行，双手下伸去触摸支撑脚的脚尖，坚持3秒，然后双手前平举至头部两侧，坚持5秒。交换支撑脚，练习此动作。

练习 84：四方形跳

练习功能： 主要发展身体的神经肌肉协调控制能力。

场地器材： 地面画 80 厘米的正四方图形。

起始姿势： 练习者单脚站立在正四方形左下角，两臂自然弯曲放于身体两侧。

练习步骤： 练习者从正四方形左下角单脚顺时针跳（左上角—右上角—右下角—左下角），再逆时针跳到左下角。交换支撑脚，练习此动作。

指导提示： 练习者在练习过程中控制好身体的平衡。

拓展练习：

1. 2 名练习者同时练习，一名练习者不固定方向，另一名练习者“照镜子”练习。

2. 双脚跳格子。

3. 小组接力往返跑跳格子。

练习 85：动态战士

练习功能： 主要发展身体的神经肌肉协调控制能力。

场地器材： 无。

起始姿势： 单腿站立，双手自然放于身体两侧。两眼平视前方。

练习步骤： 练习者从起始姿势非支撑腿后举，上体前倾与地面平行，双手下伸去触摸支撑脚的脚尖，坚持 3 秒，然后双手前平举至头部两侧，坚持 5 秒。交换支撑脚，练习此动作。

指导提示： 练习者在练习过程中控制好身体的平衡。

拓展练习：

1. 练习者可闭眼完成上述动作。
2. 练习者可围成圆圈，同时完成教师给出节奏指令的上述动作。

练习 86：提膝下蹲走

练习功能：主要发展身体的神经肌肉协调控制能力。

场地器材：无。

起始姿势：练习者自然站立，眼睛平视前方。

练习步骤：练习者提膝高抬腿，支撑脚的脚跟提起，身体尽力向上顶，向前跨出大约两脚距离，下蹲双手触地，然后提膝高抬另一条腿，练习此动作。

指导提示：练习者在练习过程中脚跟始终不着地，控制好身体的平衡。

拓展练习：

1. 小组间提膝下蹲接力。
2. 提膝下蹲走加上身转体。

练习 87：左右跨跳——下蹲

练习功能：主要发展身体的神经肌肉协调控制能力、平衡能力。

场地器材：无。

起始姿势：练习者单脚站立。

练习步骤：练习者单脚站立向左（右）跨跳，然后单腿下蹲，然后再向右（左）完成同样的动作。

指导提示：练习者在练习过程中控制好身体的平衡。

拓展练习：

1. 练习者双手抱球练习此动作。
2. 跨跳下蹲摆放障碍物接力。
3. 听教师口令左右跨跳（可以安排计算题：单数向左跨跳，双数向右跨跳）。

练习 88：三点触摸跳

练习功能： 主要发展身体的神经肌肉协调控制能力。

场地器材： 无。

起始姿势： 练习者单脚站立，两眼平视前方。

练习步骤： 练习者单脚做半蹲，用力向上跳起，然后半蹲，用非支撑脚的前脚掌去触碰支撑脚的前、侧和后方。向前，交换支撑脚，练习此动作。

指导提示： 练习者在练习过程中控制好身体的平衡，可以张开手臂，半蹲时背部保持平直。

拓展练习：

1. 练习者双手抱球练习此动作。
2. 练习者双手抛接沙包完成此动作。
3. 以小组为单位，教师统一口令完成动作。

练习 89：椅子姿势举

练习功能： 主要发展身体的神经肌肉协调控制能力。

场地器材：无。

起始姿势：练习者两脚左右开立与髋同宽，半蹲姿势，两臂前上举于头部两侧，背部与手臂保持在一个平面。

练习步骤：练习者保持起始姿势，一只脚轻轻抬离地面，坚持 5 秒。交换脚练习此动作。

指导提示：练习者在练习过程中控制好身体的平衡，一只脚抬离地面时，不要让身体歪向另一侧。

拓展练习：

1. 举手运球移动接力。
2. 背向举手运球移动接力。
3. 抬轿子移动运人。

练习 90：侧斜——抱膝平衡练习

练习功能：主要发展侧向平衡和身体两侧的肌肉控制能力，体会在非平衡的状态中发展肌肉力量。

场地器材： 无。

起始姿势： 练习者单腿站立，两眼平视前方。

练习步骤： 练习者单腿站立，非支撑腿提膝高抬，两臂侧平举，同时非支撑腿向侧蹬直，躯干倾斜向另一侧，坚持 5 秒，然后迅速将非支撑腿提膝高抬于胸前，同时身体直立且双手抱膝。交换支撑腿，重复练习此动作。

指导提示： 练习者在练习过程中控制好身体的平衡。

拓展练习：

1. 控制非支撑腿的抬腿高度。
2. 变换非支撑腿的方向。
3. 在上述基本动作的基础上完成支撑腿屈膝——站立动作。

练习 91：单脚支撑照镜子

练习功能： 主要发展身体的神经肌肉协调控制能力。

场地器材： 无。

起始姿势： 2 名练习者相距 2 米相对单脚站立。

练习步骤：一名练习者做动作，另一名练习者进行模仿。模仿 5 个动作后，交换支撑脚进行练习。

指导提示：练习者在练习过程中控制好身体的平衡。

拓展练习：无。

练习 92：单腿站立抛接药球

练习功能：主要发展身体的神经肌肉协调控制能力。

场地器材：药球。

起始姿势：2 名练习者 2 米距离单腿站立，其中一名练习者双手持药球。

练习步骤：持药球的练习者将药球双手抛给另一名练习者，然后另一名练习者接到球后再抛回去。来回抛接 5 次后，交换支撑脚练习此动作。

指导提示：练习者在练习过程中控制好身体的平衡。抛接球时，球的弧度不易过平和过高。

拓展练习：2 名练习者每人持 1 个药球，同时抛接球。

练习 93：抱球左右跨步跳

练习功能：主要发展身体的神经肌肉控制能力以及非平衡状态下肌肉发力的感觉。

场地器材：药球。

起始姿势：练习者右脚单脚站立，双手抱球自然放于胸前。

练习步骤：练习者持球向左侧跨一大步，然后左腿后举，上体前倾与地面平行，双手抱球前平举，坚持 3 秒，然后提膝至胸前，双手抱球收于胸前。

指导提示：练习者在练习过程中控制好身体的平衡，保持姿势准确。

拓展练习：

1. 2名练习者同时练习，一名练习者不固定方向，另一名练习者“照镜子”练习。

2. 2名练习者面对面抛接一个药球练习上述动作。

3. 2名练习者面对面同时抛接药球练习上述动作。

4. 练习者围绕成一个圈，头部朝外，听指令同时完成动作，完成得多的小组获胜。

练习94：瑞士球上俯桥练习

练习功能：增强身体的平衡性以及核心区域的控制能力。

场地器材：瑞士球、瑜伽垫。

起始姿势：练习者成俯卧位，双手置于肩关节外侧，双脚放在瑞士球上。

练习步骤：练习者双臂发力撑起，同时臀部和双腿抬起，臀部、腹部收紧，使头、背、腰、臀、腿、脚成一条直线。保持3~5秒，回到起始姿势。

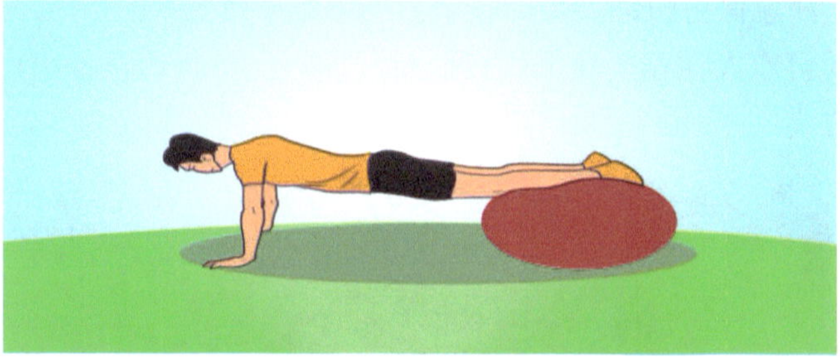

指导提示：注意保持腹部、臀部收紧，身体成一条直线。

拓展练习：可双人在瑞士球上进行俯桥的同时，由教练员发出口令，双人进行对侧手击掌练习。

练习 95：瑞士球上俯桥练习

练习功能：增强身体的平衡性以及核心区域的控制能力。

场地器材：瑞士球、瑜伽垫。

起始姿势：练习者成俯卧位，双臂屈肘置于肩关节外侧，放在瑞士球上。

练习步骤：两肘支撑于瑞士球上，双脚分开约半肩宽，脚尖着地，保持头、背、腰、臀、腿、脚跟成一条直线。

指导提示：注意保持腹部、臀部收紧，身体成一条直线。

拓展练习：可双人在瑞士球上进行俯桥的同时，由教练员发出口令，双人进行对侧手击掌练习。

练习 96：瑞士球——仰卧屈膝练习

练习功能：增强臀部以及股后肌群的肌肉力量，提高练习者身体的平衡控制能力。

场地器材：瑞士球、瑜伽垫。

起始姿势：仰卧于垫上，肩部接触垫子，双臂与躯干成 45° 角置于身体两侧，足跟放于瑞士球上，双腿伸直，勾起脚尖。

练习步骤：双脚沿着身体方向勾回，髋关节向上挺起并使肩、髋、膝 3 个关节处于同一平面上，髋关节到最高点。保持 3~5 秒，回到起始姿势。

指导提示：注意保持腹部以及臀部收紧。

拓展练习：由双腿支撑于瑞士球上转换为单腿支撑。

练习 97：单腿跳跃小栏架练习

练习功能： 提高单腿支撑的平衡性以及身体的平衡控制能力。

场地器材： 4~6 个小栏架，小栏架成一条直线放于平整的地面上，每个栏架之间的间隔为 0.5~1 米，可以根据练习者自身的情况适当地调整栏架的间距。

起始姿势： 练习者成单脚运动姿势站立，另一侧腿抬离地面，双臂微屈置于髋部两侧，背部保持平直。

练习步骤： 双臂向上摆起，起跳脚蹬离地面，向前跳栏架；落地后成同侧单脚运动姿势站立，脚尖与膝关节要保持在同一个方向上，膝盖不要超过脚尖。

指导提示： 练习者起跳后，要尽量伸髋。单腿落地后，要保持臀部后坐，调动臀部的肌肉力量来保持身体的平衡性。

拓展练习：

1. 增加小栏架的数量。
2. 改变小栏架的摆放位置，可以由一条直线变换成一个正方形。

3. 练习者可以改变跳跃的方向，由纵向跳跃向横向跳跃转变。

七、柔韧练习

练习 98：三角肌后束拉伸

练习功能： 手臂的肌肉拉伸。

场地器材： 无。

起始姿势： 身体直立，双脚打开与肩同宽。

练习步骤： 右手伸直向前，拇指向下，左手屈肘内旋用前臂内侧按住肘关节，向后用力。

指导提示： 左臂用力将右臂拉向另一侧肩关节，位置稍低于肩关节，身体保持正直。

拓展练习： 无。

练习 99：单臂侧撑

练习功能：上肢与臀部的肌肉拉伸。

场地器材：瑜伽垫。

起始姿势：身体保持俯卧姿势，双手双脚支撑于瑜伽垫上。

练习步骤：左臂直臂抬起，身体向左侧转，右臂支撑保持平衡，身体保持正直。左右交替练习。

指导提示：保持稳定状态，练习循序渐进，幅度由小到大。

拓展练习：

1. 侧撑绕障碍物接力。

2. 听教师口令同向侧撑画圆。

练习 100：俯卧交叉抬腿

练习功能：髋关节的活动幅度和腰腹部的肌肉拉伸。

场地器材：瑜伽垫。

起始姿势：俯卧在瑜伽垫上，双手屈肘打开，两腿平放。

练习步骤：缓慢向后上方交叉抬腿，落下触地，保持上身躯干和髋关节的稳定。尽量使动作舒展，幅度增加。交叉换腿。

指导提示：练习者在练习过程中全身舒展，尽量控制好上身的平衡，腹部以及臀部肌肉有紧张感。

拓展练习：

1. 练习者打开双臂，完成上述练习步骤。

2. 练习者可与伙伴在草地上爬行进行上述动作，并且不断变换方向。

3. 多人比赛练习（多人俯卧成圆圈，由教师发出“开始”口令后，保持同一动作，支撑时间较长者 / 幅度最大者为获胜方）。

练习 101：坐姿躯干拉伸

练习功能：腰部的肌肉拉伸。

场地器材：瑜伽垫。

起始姿势：双脚交叉坐于瑜伽垫上，身体保持直立。

练习步骤：将被拉伸的上肢伸直放于颈侧，辅助手握住被拉伸臂的肘关节，身体不断向异侧伸张。

指导提示：辅助手用力，将被拉伸手臂向反方向拉伸，同时身体也向同侧弯。臀部不离开瑜伽垫。

拓展练习：

1. 练习者可在平衡垫上进行上述练习。

2. 双人相互干扰练习（2 人面对面坐，由教师发出“开始”口令后，双方可侧向用手指触及对方的身体，保持自身姿势，使对方倾倒，支撑时间较长者为获胜方）。

3. 小组多米诺传沙包（每小组按序坐好，向前接龙，用此动作传递沙包，在规定时间内，沙包传递较远的小组获胜）。

练习 102：股四头肌静力拉伸

练习功能： 腿部肌肉拉伸。

场地器材： 无。

起始姿势： 右脚站立，保持平稳，屈左膝，左手牵拉脚踝，右腿略微弯曲，支撑腿保持身体平衡。

练习步骤： 向后牵拉左脚脚踝贴近臀髋处，同时向前顶髋，重复几次后换腿。

指导提示：初始练习可单手扶墙或同伴，保持身体稳定，待适应后可单独完成。

拓展练习：无。

练习 103：腹股沟、下背屈肌群静力拉伸

练习功能：髋关节移动范围扩大，臀部肌肉拉伸。

场地器材：瑜伽垫。

起始姿势：坐姿，双脚相对，双手分别扶在脚上，双肘同时压在膝关节处，手部牵拉双脚靠近腹部。

练习步骤：

1. 双肘同时按压膝关节使膝盖触及地面，同时保证上体直体前倾。每次按压保持数秒钟，反复几次。

2. 仰卧在平地上，背部完全贴住地面，屈腿屈髋，双手抱着膝盖。

指导提示：上下震动，尽可能让腿贴近地面、胸前。注意调整呼吸。

拓展练习：

1. 练习者可在平衡垫上进行上述练习。

2. 练习者保持坐姿，双手向前伸展，触碰地面。

3. 小组多米诺传球（每小组按序坐好，向前接龙，向后传球，在规定时间内，传球最多的小组获胜）。

练习 104：背部拉伸

练习功能：下背屈肌群静力拉伸。

场地器材：瑜伽垫。

起始姿势：仰卧在平地上，背部完全贴住地面，屈腿屈髋，双手抱着膝盖。

练习步骤：使大腿靠近胸，保持静止姿势数秒钟。

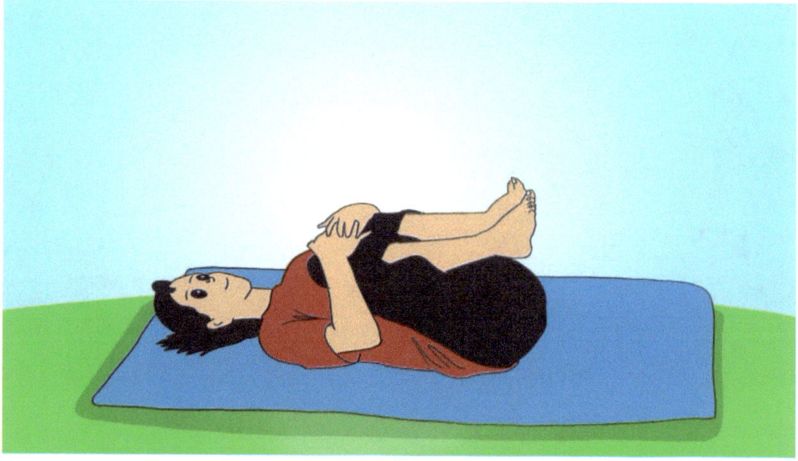

指导提示：注意调整呼吸。

拓展练习：无。

练习 105：俯撑拉伸

练习功能：背部肌肉拉伸。

场地器材：瑜伽垫。

起始姿势：双手俯撑，双腿并拢俯身朝向地面，双手撑起上身。

练习步骤：抬头挺胸托起上半身保持数秒。

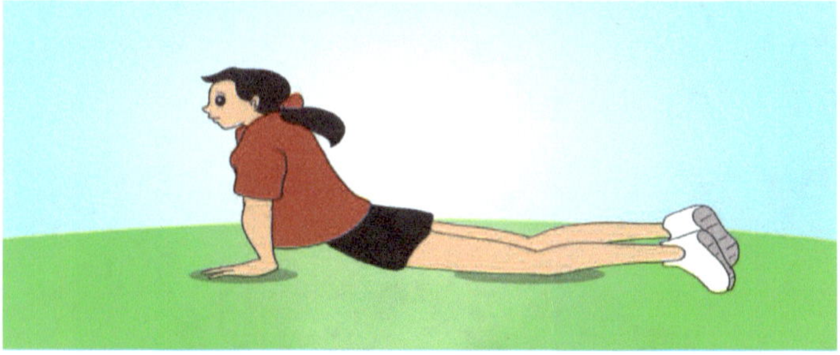

指导提示：拉伸时注意深呼吸，深吸气时就可以牵拉背部的伸肌群，拉伸时不要憋气。

拓展练习：

1. 在完成较好的情况下，可同时进行抬腿的练习。

2. 小组内同学进行动作竞赛（能坚持时间较长者获胜）。

3. 同向移动练习（以小组为单位进行同向移动练习，保持练习姿势不变）。

练习 106：头顶胯下交替传球

练习功能：主要用于扩展肩部和腰部的运动幅度，提升关节附近的肌肉力量。

场地器材：药球。

起始姿势：2 名练习者背对背站立，大约相隔 3 脚的距离，双脚左右开立与肩同宽，一名练习者双手持药球。

练习步骤：A 练习者将球传给 B 练习者，B 练习者接到球后再从胯下将球传给 A 练习者。依次下去，完成规定次数，交换方向。

指导提示：在头顶和胯下传球时，球要放在适当的位置；交替传球时不宜过快，要循序渐进。练习者在胯下传球时双脚不移动，手臂尽量伸直。

拓展练习：

1. 草地上，头顶胯下运球接力。以小组为单位，运球最多的小组获胜。

2. 练习者背对站立从身体左边或右边传球。

3. 2 人一组，一人以此动作完成向站立前方抛球动作，另一人在球未落地前接住球，换抛球 / 接球。小组 2 人完成 1 次为 1 组，完成最多的小组获胜。

练习 107：仰卧转髋

练习功能： 背部肌肉拉伸。

场地器材： 瑜伽垫。

起始姿势： 仰卧在垫子上，身体保持直立，双腿并拢抬起、屈膝成 90° 。

练习步骤： 身体保持直立，缓慢向左或向右转动髋关节。

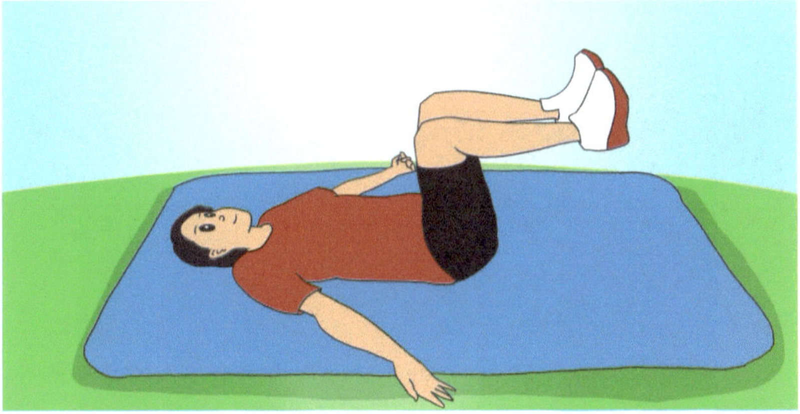

指导提示： 大腿与小腿尽量成 90° 。

拓展练习：

1. 听教师口令统一做转髋练习。
2. 双脚夹篮球转髋画圆。
3. 小组间仰卧双脚夹球接力。

练习 108：前后摆手

练习功能：胸部与手臂肌肉拉伸。

场地器材：瑜伽垫。

起始姿势：身体直立姿势准备。

练习步骤：在行走中进行，练习时躯干保持垂直，手臂放松，动作幅度逐渐增加。

指导提示：两臂分别做向上、向下的运动至最大幅度，左右臂交替进行，增加肩关节活动度，增加上肢协调能力。

拓展练习：

1. 听教师口令同时完成左右交替摆手。
2. 弓步摆手向前。
3. 动态摆手向前走（跳）。

练习 109：肩肘摆手

练习功能： 肩部肌肉拉伸。

场地器材： 无。

起始姿势： 身体直立站姿准备。

练习步骤： 在行走中进行，练习时躯干保持正直姿势，不可出现左右旋转现象。

指导提示： 手臂放松，摆臂时，上肢与地面平行，做向后的最大幅度拉伸，然后两臂屈肘做向后的拉伸，依次交替进行。增加肩和肘关节的活动幅度，拉伸胸大肌。

拓展练习： 动态肩肘摆手走。

练习 110：髋外旋提踵

练习功能：腿部肌肉拉伸。

场地器材：无。

起始姿势：保持身体直立姿势准备。

练习步骤：行走中进行，练习时躯干始终保持垂直。髋关节外旋（小腿与地面平行），双手握住小腿的踝关节做向上提拉。

指导提示：提拉踝关节的同时，支撑腿做提踵动作，动作幅度逐渐增加。充分拉伸臀部肌肉，增加髋关节活动幅度。激活踝关节小肌群，提高踝关节的平衡性及稳定性。

练习 111：弓步转身

练习功能：髋关节练习，腰部肌肉拉伸。

场地器材：无。

起始姿势：站立姿势开始，一腿向前跨步，下蹲成弓步姿势（膝关节以及后支撑腿的髋、膝关节皆成 90°）

练习步骤：双手成 90°，身体向前弓步腿的一侧旋转，转动至最大幅度时停顿 2 秒。左右交替进行。

指导提示：下蹲时前支撑腿的膝关节朝向脚尖，膝关节夹角约为 90°，不要超过脚尖。躯干保持与地面垂直，以脊柱为轴进行旋转。动作幅度逐渐增加，尽可能加强髋关节和脊柱旋转活动幅度以及骨盆稳定性。

拓展练习：

1. 规定区域、规定动作盲人摸鱼（以小组为单位，一人扮演盲人，其余同学扮演鱼。移动时要保持相同的动作，可变换动作完成的方向）。

2. 练习者可在平衡垫上进行上述练习，坚持时间最长者获胜。

3. 小组竞速，同时做练习动作，动作幅度较大者有机会前进一步。距离最远者获胜。

练习 112：直体转动

练习功能： 腰部的肌肉拉伸。

场地器材： 无。

起始姿势： 身体保持直立，双脚打开与肩同宽。

练习步骤： 双脚开立，双手交叉抱头，两臂外展与身体保持在同一平面内，身体围绕脊柱向后转动，达到最大幅度。左右交替进行。

指导提示： 在转动过程中双脚保持原地不动，转动躯干，充分拉伸脊柱周围肌肉。

拓展练习：

1. 张开手臂直体转动。
2. 手提重物直体转动。
3. 交叉手脚提重物转体练习。

练习 113：交叉伸展

练习功能： 腰部的动态拉伸。

练习器材： 无。

起始姿势： 身体保持直立，练习手上举伸直，双脚打开与肩同宽。

练习步骤： 左手上举伸直，左脚往右方向前交叉，同时上肢向右方向倾斜，然后右脚向右边后交叉，最后还原姿势。以此交换循环练习。

指导提示： 侧腰时重心移动至支撑脚。

拓展练习： 无。

第二篇　教学组织篇

一、单人练习

练习 114：桌面式爬行

练习功能：增强核心力量与心肺功能。

场地器材：无。

起始姿势：练习者保持俯撑姿势，双手双脚与肩同宽，双臂与地面垂直，膝关节屈膝姿势准备。

练习步骤：先左手向前方迈出，右腿顺势跟上，身体往前移，然后右手向前迈出，左腿顺势跟上。以此循环练习。

指导提示：注意保持俯卧支撑姿势标准，不要提臀和塌腰。

拓展练习：

1. 敏捷梯桌面式爬行竞赛。
2. 侧向桌面式爬行。
3. 推物体爬行。
4. 原地旋转爬行。

练习 115：木板式爬行

练习功能：增强核心力量和心肺功能。

场地器材：无。

起始姿势：练习者保持俯撑姿势，双手双脚与肩同宽，双臂与地面垂直，躯干伸直，头部、肩部、胯部和踝部保持在同一平面。

练习步骤：先移动左手，右脚脚尖顺势跟进，身体往前移动，然后移动右手，左脚脚尖顺势跟进，身体往前移动。以此循环练习。

指导提示：利用脚尖回勾向前移动，不要屈腿，注意保持俯卧支撑姿势标准，不要提臀和塌腰。

拓展练习：

1. 敏捷梯木板爬行。
2. 侧向木板爬行。
3. 推物爬行。
4. 能量轮爬行。

练习 116：熊爬式爬行

练习功能：增强核心力量与心肺功能。

场地器材：无。

起始姿势：保持俯撑姿势，双手双脚比肩稍宽，双手双脚伸直，双脚与躯干的内角约成 60° 夹角。

练习步骤：先向前出左手，右脚顺势跟进，身体往前移动，然后向前出右手，左腿顺势跟进。以此循环练习。

指导提示：腰部保持直立与适当紧绷。

拓展练习：

1. 熊式爬行追人游戏。
2. 熊式爬行小组击掌接力。
3. 熊式爬行推重物。
4. 熊式爬行转圈。

练习 117：大猩猩爬行

练习功能： 增强核心力量与心肺功能。

场地器材： 无。

起始姿势： 练习者保持俯撑姿势准备，双手双脚比肩稍宽，双手伸直，双脚膝盖微屈，躯干与大腿的内角约成 40° 夹角。

练习步骤： 首先双手向后方扒地，身体顺势前倾，同时双脚向前上方蹬跳，双脚落地后，双手继续向后方扒地。以此循环练习。

指导提示： 腰部保持直立与适当紧绷。

拓展练习：

1. 侧向大猩猩爬行。
2. 后退式大猩猩爬行。
3. 大猩猩爬行原地转圈。

练习 118：鳄鱼爬行

练习功能：增强核心力量和心肺功能。

场地器材：无。

起始姿势：练习者保持俯撑姿势准备，双手比肩稍宽，双脚与肩同宽，躯干伸直，头部、肩部、胯部和踝部保持在同一平面。

练习步骤：先向前出左手，身体前移的同时右脚向前迈出至躯干外侧，左脚伸直，然后向前出右手，身体前移的同时左脚向前迈出至躯干外侧。以此循环练习。

指导提示：腰部保持直立与适当紧绷。

拓展练习：

1. 鳄鱼爬行竞速。
2. 每次鳄鱼爬行后加一个原地俯卧撑动作。
3. 后退鳄鱼爬行。

练习 119：仰撑爬行

练习功能：增强核心力量与心肺功能。

场地器材：无。

起始姿势：练习者仰撑姿势准备，双手双脚与肩同宽，双手伸直，双脚向上屈膝，全脚掌着地。

练习步骤：先左手往前出，身体顺势前移的同时右脚向前迈出，然后右手往前出，身体顺势前移的同时左脚向前迈出。以此循环练习。

指导提示：注意保持仰撑姿势标准，不要弯腰。

拓展练习：

1. 仰撑爬行竞速。
2. 侧向仰撑爬行。
3. 变向仰撑爬行。

练习 120：匍匐爬行

练习功能：增强核心力量与协调性。

场地器材：无。

起始姿势：练习者保持双手屈臂俯撑姿势准备，双手双脚与肩同宽，躯干伸直，头部、肩部、胯部和踝部保持在同一平面。

练习步骤：先左手往前方屈臂迈出，身体顺势前移的同时右脚向前迈出，然后右手往前屈臂迈出，身体顺势前移的同时左脚向前迈出。以此循环练习。

指导提示：注意保持俯卧屈臂支撑姿势标准，不要提臀和塌腰。

拓展练习：

1. 小组匍匐爬行竞速。
2. 后退匍匐爬行。
3. 匍匐爬行赶鸭子。
4. 匍匐爬行接龙。
5. 前后左右变向匍匐爬行。

练习 121：爬行提拉

练习功能：增强核心力量与心肺功能。

场地器材：沙包。

起始姿势：练习者屈膝俯撑姿势准备，双手双脚比肩稍宽，双手伸直，俯撑于沙包后方。

练习步骤：先左手向前迈出，身体顺势前移的同时右脚往前迈出，然后右脚向前迈出，身体顺势前移的同时左脚向前迈出，以此循环练习直至双脚脚踝移动到与沙包平行，右手从双脚之间提拉至身体正前方。以此循环练习。

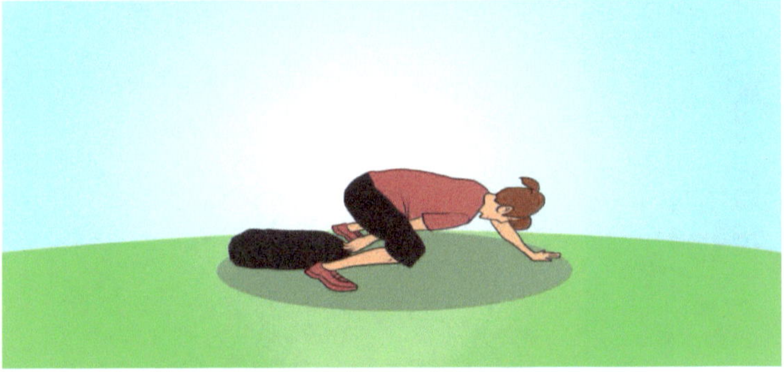

指导提示：注意保持屈膝俯撑姿势标准，不要提臀和塌腰。提拉时支撑手伸直。

拓展练习：

1. 向后拖拉物体爬行。
2. 提拉爬行追人游戏。
3. 提拉爬行接力。

练习 122：绳梯环转俯撑

练习功能：主要发展练习者的协调素质，辅助发展练习者的力量素质。

场地器材：绳梯。

起始姿势：左手和右手分别置于绳梯第一和第二格子内，双脚适当打开，保持俯卧支撑的姿势。

练习步骤：教师发出“开始”口令后，练习者身体向一侧环转，成右手单手支撑动作。身体继续环转，双脚顺势跟上，双手反手支撑于第二和第三格内，成仰撑姿势。身体再进行环转成左手单手支撑于第三格内。身体继续环转，双脚跟随，成俯卧支撑姿势，左右手分别置于第三和第四格内。循环交替行进。

指导提示：脊柱与双腿始终成一条直线，腰部收紧。

拓展练习：

1. 教师可将此动作的逆过程作为拓展练习。

2. 可在此练习的基础上增加俯卧撑动作，当身体成俯卧支撑姿势时做几个俯卧撑。

练习 123：绳梯俯撑横向行

练习功能：主要发展练习者的协调素质，辅助发展练习者的力量素质。

场地器材：绳梯。

起始姿势：以俯撑姿势侧向面对绳梯方向，右手和左手分别置于绳梯的第一格和第二格。

练习步骤：教师给出“开始”命令后，练习者右手与左手做前交叉，落于左手所在的第二格内，双脚顺势跟进。左手打开落于第三格，双脚顺势跟进。依次循环进行至终点。

指导提示：俯卧支撑要保持身体始终为一条直线，不提臀和塌腰，手脚要协调动作。

拓展练习：

1. 可拓展为双手轮流前后交叉。

2. 双人对向俯撑爬行。

二、双人练习

练习 124：高抬腿支撑收腿

练习功能：增强腿部与上肢等的肌肉力量。

场地器材：无。

练习步骤：2 人并排准备，一个人进行原地高抬腿练习，另一人在旁进行支撑收腿练习，10 秒后原地高抬腿的同学从支撑练习同学的一侧，跳到另一侧，然后 2 人交换动作练习。持续时间约 1 分钟。

指导提示：调整身体与呼吸的节奏，跳跃时尽量跳高。

拓展练习：

1. 小组统一变换队形进行练习。
2. 2 人 1 组，听口令变换练习。坚持最久的小组获胜。

练习 125：触掌高抬腿

练习功能：增强腿部力量与耐力。

场地器材：无。

练习步骤：2 人面对面站立做原地高抬腿，一人手面朝下，把手放于自身腰腹正前方，另一人高抬腿时用膝盖触碰对方手心。持续 10 秒，然后双方交换动作练习。

指导提示：高抬腿时注意上身的挺直和双手摆臂的节奏，大腿尽量抬高与上身成 90° 直角。

拓展练习：

1. 向后触掌高抬腿练习。
2. 动态触掌高抬腿竞速。

练习 126：弓步分手推掌

练习功能：锻炼下肢的平稳性，腰部与手臂的肌肉力量。

场地器材：排球、足球、篮球。

练习步骤：2 人正面对立成左脚弓步，双手成推掌，掌心与对方掌心合拢，位于胸两侧的正前方，双方均是右手往正前方推去，左手则往后收缩，来回数次。

指导提示：双方注意节奏与发力的配合，伸手时尽量伸直，保持身体的平衡。

拓展练习：

1. 2 人掌心之间可以放入一个排球或足球大小的球，进行练习。
2. 搭肩提膝。

练习 127：单脚蹲起

练习功能：控制身体的平衡能力与下肢肌肉的发展。

场地器材：无。

练习步骤：2 人面朝前方前后站立，后面的人双脚打开比肩稍宽，然后抓住前面人的单腿，2 人同时进行蹲起，30 秒 1 组，然后 2 人交换位置练习。

指导提示：前面的人上身保持正直，双手可打开或放于胸前，尽量保持平衡。

拓展练习：

1. 单腿蹲起小组竞速。
2. 单腿蹲起燕式平衡练习。

练习 128：转体弓步拉助力绳

练习功能：发展下肢的稳定性，锻炼上下肢肌肉力量。

场地器材：阻力绳。

练习步骤：2 人面对立成弓步，2 人之间的距离是拉力绳的距离，双手放于胸前握住助力绳，一人先蹬腿往左转体，另一人不动保持上身正面朝向对方。一人转 1 次，然后往右蹬腿转体，双方轮流交换。持续时间约为 30 秒。

指导提示：转体时双手尽量往后伸直，拉助力绳时吐气。

拓展练习：

1. 2 人牵引同向阻力跑。
2. 2 人牵引阻力蛙跳。

练习 129：移动摸手

练习功能：锻炼灵敏、反应、协调等身体素质。

场地器材：无。

练习步骤：2 人面对面站立，双脚开立比肩稍宽，一人随意左右横向移动，手掌随意放在身体周围各个地方，但手心必须朝向对方，每移动 1 次，等待对方触摸手心后，马上再换一个位置。30 秒后，双方交换练习。

指导提示：练习者保持上身的稳定，注意脚步蹬地。

拓展练习：

1. 统一脚步变向移动摸手。
2. 平衡木上双人移动摸手。

练习 130：弓步单手推掌

练习功能：加强协作能力，锻炼上肢肌肉力量。

场地器材：无。

练习步骤：2 人面对面站立，右手掌心互相合并，双方同时向对方右身侧迈出右脚成右脚弓步，单手向前推掌。15 秒后交换位置练习，持续时间约 30 秒 1 组，练习 3 组。

指导提示：保持上身的直立平衡，双方互相合作协调，迈前腿时后脚伸直，后脚脚跟抬起脚尖蹬地。

拓展练习：无。

练习 131：2 人蹲起拉阻力绳

练习功能：增强上下肢肌肉的力量。

场地器材：助力绳。

练习步骤：2 人面对面站立，双脚左右开立比肩稍快，2 人之间的距离是助力绳的距离，首先，一人往下蹲，双手伸直握住助力绳往下拉，同时，另一人双手伸直握住助力绳举过头顶。2 人一上一下来回练习，持续时间约 30 秒。

指导提示：上身保持直立，2 人协调配合，有节奏地练习。

拓展练习：

1. 可以使用 2 根助力绳，一手拿一根，蹲起时双手可以放于身体两侧。
2. 收缩绳阻力展臂练习。
3. 变向阻力绳对抗练习。

练习 132：躺地拉起

练习功能：增强上下肢与腰部肌肉力量。

场地器材：无。

练习步骤：一人平躺在地上，双脚屈膝抬起，另一人双脚开立站于平躺之人的髋部两边，2 人双手拉紧，上面的人用手臂力量把躺在地上的人拉起，再轻轻放下，持续时间为 20 秒。

指导提示： 上方的人上体保持平衡，下方的人腰部保持平直。

练习 133：推掌蹲起

练习功能： 锻炼平衡能力、腿部肌肉与上肢肌肉的力量。

场地器材： 无。

练习步骤： 2 人面对面双脚开立与肩同宽，双手放于胸前，2 人双手掌心分别与对方掌心相合拢，同时，2 人身体重心慢慢往前倾斜，脚后跟离地，双手也跟着抬起，使手臂伸直于身体前上方，最后慢慢还原动作。

指导提示： 双方必须默契地配合发力，保持身体的平衡。

拓展练习：

1. 单脚支撑推掌蹲起。
2. 推掌蹲起接龙跑。

练习 134：俯撑爬行击掌

练习功能： 锻炼腰腹部与上肢肌肉的力量。

场地器材： 无。

练习步骤： 2 人面对面俯撑准备，同时双手往后爬 2 步，再往前爬 2 步与对方击左掌。重复前面步骤后击右掌。

指导提示：腰部保持平直，手肘关节微屈避免受伤。

拓展练习：

1. 听口令队列俯撑爬行击掌。
2. 队列俯撑爬行击掌躲地滚球。

练习 135：半蹲拉手触脚

练习功能：锻炼身体的柔韧性与协调性。

场地器材：无。

练习步骤：2 人正面半蹲，互相抓住对方的右手，2 人同时下蹲，用左手先摸自己的左腿后跟，然后再绕过右手上方摸对方的左脚后跟。

指导提示：2 人动作要协调，抓住的手要保持紧绷。

拓展练习：

1. 半蹲拉手触脚移动。

2. 半蹲拉手触脚比拼（看哪个小组坚持的时间最长）。

三、团队练习

练习 136：算数追逐跑

练习功能：训练学生快速反应能力。

场地器材：2 块地标垫。

起始姿势：2 个小组，面对面保持弓箭步姿势。

练习步骤：

1.教师讲授规则：听教师报加法或者减法题目。奇数向前方跑，偶数向后方跑，被抓到者淘汰。

2. 安排 2 个小组面对面站立好，分别摆放 2 条标志线在后方。一方选手进入标志线以后则不能进行抓人。

3. 教师发令，游戏开始。

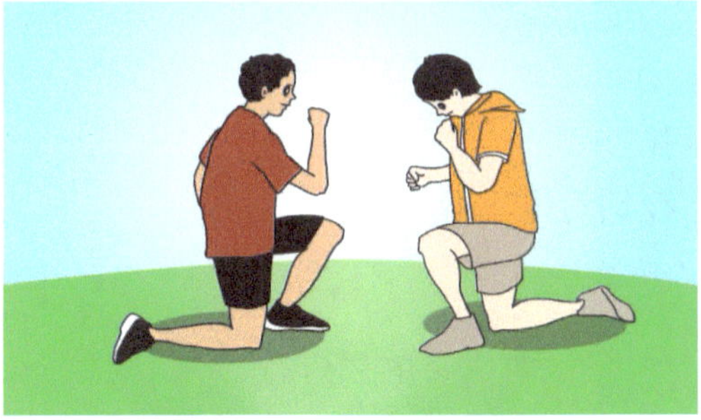

拓展练习：

1. 起始姿势变化为跪着，然后听数字起跑。

2. 石头剪刀布，赢者向前跑，输者向后跑。

练习 137：桥支撑（仰卧）穿越

练习功能：训练学生快速反应能力以及腰部力量。

场地器材：室内教室。

起始姿势：4 个小组，仰卧成桥。

练习步骤：

1. 教师讲授规则：分成 4 个小组比赛，每组第一位同学开始向队尾爬去，以此类推。每位学生都仰卧成桥，等待同伴从自己背下穿过。

2. 安排 4 个小组的学生准备好。

3. 教师发令，游戏开始。

拓展练习：

1. 起始姿势变化为俯卧成桥，其余规则同前。

2. 俯卧成桥传球，变钻为传球跑。

练习 138：跑步接力

练习功能： 增强身体素质与团队协作能力。

场地器材： 无。

练习步骤：

1. 所有人分成 4 列横队，成半蹲姿势准备。
2. 听教师发令，每队第一个人从排头跑向队尾，以此类推。

指导提示： 等待的同学给予跑步的同学加油呐喊。

拓展练习：

1. 半蹲改为弓步或弓步交叉跳。
2. 半蹲改为直腿坐。
3. 半蹲改为原地小跑或原地高抬腿。
4. 半蹲改为弯腰。

练习 139：背靠背蹲起

练习功能：锻炼上下肢肌肉力量与团队协作能力。

场地器材：无。

练习步骤：

1. 所有人分成 2 组列队，背靠背直腿坐着，双手与旁边同学交叉准备。
2. 听教师口令，喊“1”，所有人屈膝收腿，喊“2”，所有人同时蹬腿站起。

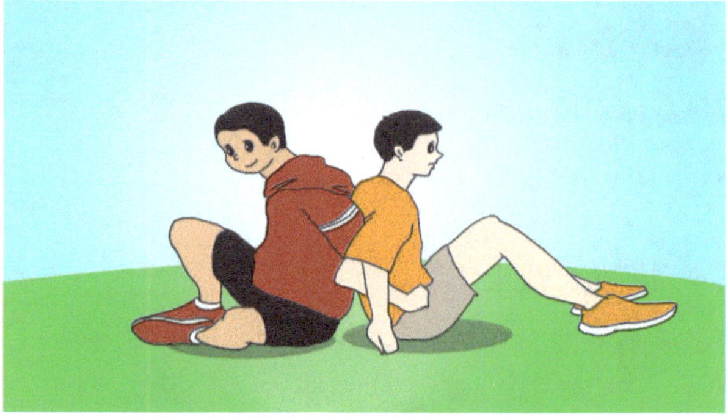

指导提示：前后 2 人同时向后上方蹬腿发力，腰部保持适当紧绷。

拓展练习：无。

练习 140：直臂撑臀部高抬腿接力

练习功能：锻炼上下肢的肌肉力量。

场地器材：无。

练习步骤：

1. 所有人分为 4 列横队，以体操队形散开成直臂俯撑姿势准备。

2. 听教师发令，每队排头的第一个同学从旁边同学的臀部上方跳过，依次跳到队尾后，第二个同学立即跟上。以此类推。

指导提示：注意高抬腿时手臂的摆动与跳跃距离的把握，以免受伤。

拓展练习：

1. 高抬腿可改为单脚跳。
2. 高抬腿可改为双脚跳。
3. 直臂卧槽改为直腿坐。

练习 141：直腿坐侧步移动

练习功能：锻炼下肢肌肉力量与团队协作能力。

场地器材：无。

练习步骤：

1. 所有人分成 4 列横队，以体操队形散开成直腿坐姿势准备，双手平直前伸。

2. 听教师口令，每队第一位同学横向侧步绕过每一位同学到达队尾，接着第二位同学立即跟上，以此类推。

指导提示：利用小碎步调整脚步。

拓展练习：双手平直前伸，双脚屈膝收缩，脚掌离地。

练习 142：半蹲传球接力

练习功能：锻炼上下肢肌肉力量和团队协作能力。

场地器材：重力球。

练习步骤：

1. 所有人分成 4 列横队，成半蹲姿势准备。

2. 听教师口令，每队的第一个同学把球传给下一个同学，依次传到队尾后再次往回传，直到第一个同学再次传球后，立即跑到队尾半蹲准备。

指导提示：无。

拓展练习：

1. 半蹲改为直腿坐。

2. 半蹲改为弓步或原地弓步交叉跳。

3. 半蹲改为原地小跑或原地高抬腿。

练习 143：原地小跑弹球换位置

练习功能：锻炼下肢肌肉力量与团队协作能力。

场地器材：重力球。

练习步骤：

1. 所有人分为 4 列横队，原地小跑进行准备。

2. 听教师口令，每队的第一个同学原地拍一次球，立即跑到队尾原地小跑，球弹起来后，第二个同学立即顶替第一个同学的位置，其他同学也随之跟上。以此类推。

指导提示：拍球时尽量拍高、拍稳，下一个同学才好接球。

练习拓展：

1. 原地小跑可改为原地高抬腿。

2. 原地小跑可改为俯撑蹬缩腿。

练习 144：行进前摆腿

练习功能：锻炼下肢力量与柔韧性。

场地器材：无。

练习步骤：

1. 所有人分成 4 组，手牵手站成横排准备。
2. 听教师口令，一起向前走 2 步进行 1 次摆腿，然后两腿进行交换。

指导提示：节奏一致、手不能分开。

拓展练习：

1. 手拉手改为双手搭肩。
2. 手拉手改为双手肘部交叉。

练习 145：叠罗汉

练习功能：发展下肢肌肉力量与团队协作能力。

场地器材：无。

练习步骤：

1. 所有人分成 2 组，成纵队站立准备。

2. 听教师口令，所有人半蹲，排头第一人坐在第二人的大腿前侧，双手放于体侧保持平衡，第二人双手抓放在前面人的肩膀上，双腿半蹲。以此类推。

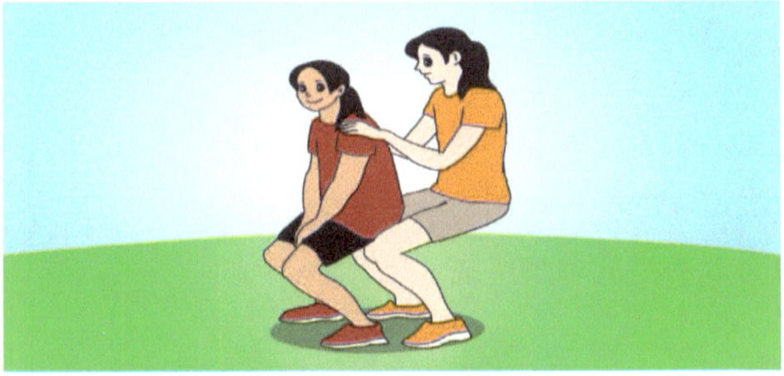

指导提示：上肢保持平衡，双腿保持适当紧绷。

拓展练习：

1. 叠罗汉接力走。

2. 蹲下叠罗汉走。

练习 146：半蹲平衡

练习功能：锻炼平衡能力与团队协作能力。

场地器材：无。

练习步骤：

1. 所有人分成 4 组，每组同学面朝内，双脚靠拢，手拉手围成圆形队列准备。

2. 听教师口令，所有人双腿半蹲互相给力量，让自己保持平衡不倒。

指导提示：腰部保持适当的紧绷。

拓展练习：

1. 双腿半蹲改为单腿半蹲，支撑腿上下蹲起。
2. 双腿半蹲改为双手搭肩单脚甩腿。

练习 147：燕式平衡

练习功能：平衡能力与团队协作能力。

场地器材：无。

练习步骤：

1. 所有人分成 4 组，每组同学面朝内单脚屈膝抬起，双手搭肩围成圆形队列准备。

2. 听教师口令，喊“1”，所有人屈膝脚往后伸直上身向前压，喊“2”，所有人还原动作。

指导提示：腰部与双手保持适当紧绷，注意团队之间互相配合。

拓展练习：

1. 面朝内改为手拉手面朝外。
2. 燕式平衡姿跳跃追逐。

练习 148：圆形队列传球

练习功能：练习上下肢肌肉力量与团队协作能力。

场地器材：重力球。

练习步骤：

1. 所有人分成 4 组，每组同学面朝外，脚对脚站好，围成一个圆形队列准备。
2. 听教师口令，每组第一个人把球从胸前按顺时针顺序依次传给下一个人。

指导提示：团队之间互相配合。

拓展练习：

1. 所有人面朝外，右手搭在旁边同学的右肩上成弓步姿势准备，等待传球的同学做上下弓步蹲起的动作，传球的同学用左手把球轻轻地抛给下一个同学。以此类推。

2. 所有人面朝内站立准备，每人手上持一个球，听教师口令，同时把球向上抛起，然后立即以顺时针方向侧步移动至身边同伴的位置，再双手接住球。以此类推。

3. 所有人面朝外，肩靠肩双脚离地成“V”字坐姿势准备，听教师口令，依次传球。

练习 149：蹬起举手

练习功能：锻炼心肺功能与上下肢肌肉力量。

场地器材：重力球。

练习步骤：

1. 所有人分成 4 组，每组同学面朝外，脚对脚围成一个圆形队列。

2. 听教师口令，所有人半蹲，用双手从膝关节前部摸自己的脚尖，然后立即蹲起，双手伸直上举过头顶。

指导提示：调整自己双脚打开的距离，不许低头，后背保持直立。

拓展练习：听教师口令，第一个同学向顺时针方向双手绕“八”字传球，等待的同学半蹲，双手摸脚尖准备。以此类推。

第三篇　器械使用篇

一、敏捷梯

功　　能：发展速度、灵敏、协调能力。

练习 150：快速敏捷梯跑

目　　标：发展学生步频，培养跑动中的节奏感，训练学生正向的动作速度。

方　　法：

1. 在地面上放置一个规则的敏捷训练梯，距训练梯一端放置 2 个标志物作为起点，在训练梯另一端 5 米处放置 2 个标志物作为终点。

2. 学生面对训练梯站在起点处，在发令开始之后，学生跑向训练梯，以最快节奏依次跑过训练梯每个横杆，并全力加速跑过终点。

3. 学生在跑动过程中踩训练梯横杆或踢乱训练梯的现象为步伐错误，重新开始。

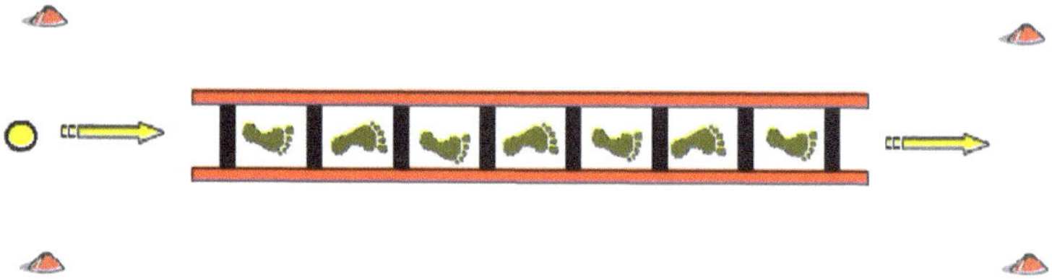

场地布置：平坦空地，敏捷梯 2~4 副。

教学提示：踩在每格内，注意节奏。

安全事项：敏捷梯有挪位或移动，应将其摆回原位。

练习 151：双脚敏捷梯跳

目　　标：发展学生动作速度，培养运动中的节奏感，锻炼腿部力量。

方　　法：

1. 在地面上放置一个规则的敏捷训练梯，距训练梯一端放置 2 个标志物作为起点，在训练梯另一端 5 米处放置 2 个标志物作为终点。

2. 学生面对训练梯站在起点处，在发令开始之后，学生双脚以最快节奏依次跳过训练梯每个横杆，并全力加速跑过终点。

3. 学生在跳的过程中踩训练梯横杆或踢乱训练梯的现象为步伐错误，重新开始。

场地布置：平坦空地，敏捷梯 2~4 副。

教学提示：踩在每格内，注意节奏。

安全事项：敏捷梯有挪位或移动，应将其摆回原位。

练习 152：单脚敏捷梯跳

目　　标：发展学生动作速度，培养运动中的节奏感，锻炼腿部力量。

方　　法：

1. 在地面上放置一个规则的敏捷训练梯，距训练梯一端放置 2 个标志物作为起点，在训练梯另一端 5 米处放置 2 个标志物作为终点。

2. 学生面对训练梯站在起点处，在发令开始之后，学生单脚以最快节奏依次跳过训练梯每个横杆，并全力加速跑过终点。

3. 学生左右腿各完成 1 次。

4. 学生在跳的过程中踩训练梯横杆或踢乱训练梯的现象为步伐错误，重新开始。

场地布置：平坦空地，敏捷梯 2~4 副。

教学提示：踩在每格内，注意节奏。

安全事项：敏捷梯有挪位或移动，应将其摆回原位。

练习 153：分并腿敏捷梯跳

目　　标：发展学生动作速度，培养学生协调性，训练学生腿部力量。

方　　法：

1. 在地面上放置一个规则的敏捷训练梯，训练梯一端放置 2 个标志物作为起点，在训练梯另一端 5 米处放置 2 个标志物作为终点。

2. 学生面对训练梯站在起点处，在发令开始之后，学生双脚并腿跳进第一个横杆，分腿跳出落在第二横格外，依次重复跳完训练梯，并全力加速跑过终点。

3. 学生在跳的过程中踩训练梯横杆或踢乱训练梯的现象为步伐错误，重新开始。

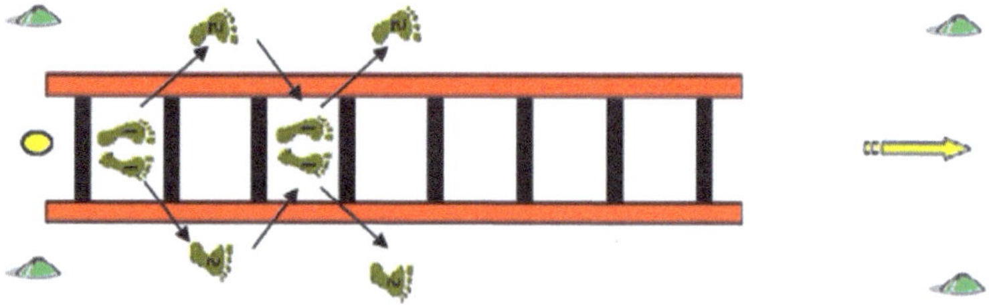

场地布置：平坦空地，敏捷梯 2~4 副。

教学提示：踩在每格内，注意节奏。

安全事项：敏捷梯有挪位或移动，应将其摆回原位。

练习 154：侧向敏捷梯跑

目　　标：发展学生侧向动作速度和协调性。

方　　法：

1. 在地面上放置一个规则的敏捷训练梯，距训练梯一端放置 2 个标志物作为起点，在训练梯另一端 5 米处放置 2 个标志物作为终点。

2. 学生侧向训练梯站在起点处，在发令开始之后，学生侧向移动进入训练梯，右脚踏入训练梯第一格内，左脚迅速跟进，然后依次完成训练梯动作，快速转身正向全速跑过终点线。

3. 学生在跑的过程中踩训练梯横杆或踢乱训练梯的现象为步伐错误，重新开始。

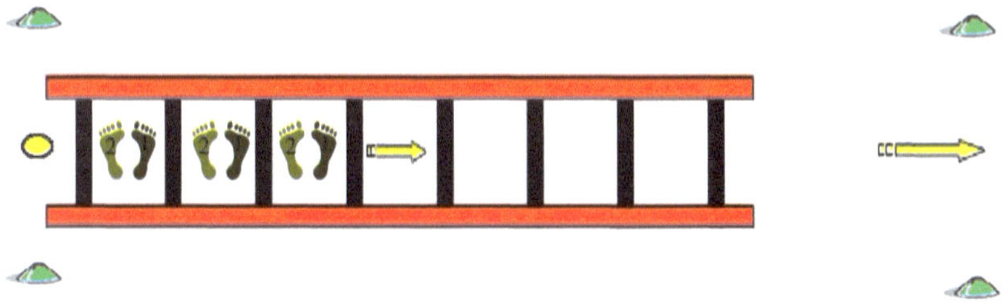

场地布置：平坦空地，敏捷梯 2~4 副。

教学提示：踩在每格内，注意节奏。

安全事项：敏捷梯有挪位或移动，应将其摆回原位。

练习 155：正向进出敏捷梯跑

目　　标：发展学生正向动作速度和协调性。

方　　法：

1. 在地面上放置一个规则的敏捷训练梯，距训练梯一端放置 2 个标志物作为起点，在训练梯另一端 5 米处放置 2 个标志物作为终点。

2. 学生面向训练梯站在起点处，在发令开始之后，当左脚跨入横杆后，右脚快速跟进，右脚立即向该栏右侧向跨出，左脚也向另一侧跨出，左脚再次向前跨入，进入下一格，然后依次完成训练梯动作，快速跑过终点线。

3.学生在跑的过程中踩训练梯横杆或踢乱训练梯的现象为步伐错误，重新开始。

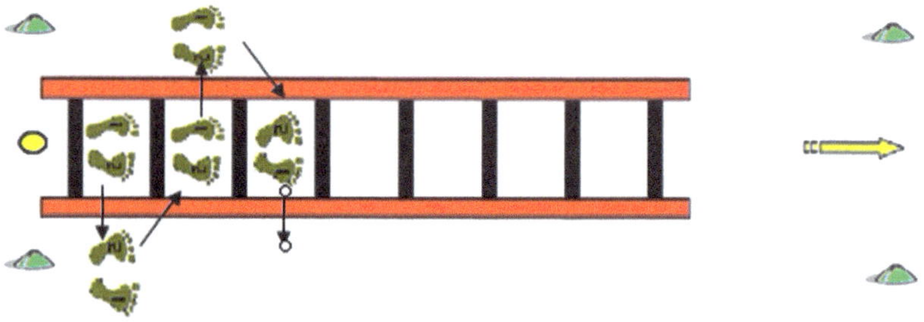

场地布置：平坦空地，敏捷梯 2~4 副。

教学提示：踩在每格内，注意节奏。

安全事项：敏捷梯有挪位或移动，应将其摆回原位。

练习 156：侧向进出敏捷梯跑

目　　标：发展学生侧向动作速度和协调性。

方　　法：

1. 在地面上放置一个规则的敏捷训练梯，距训练梯一端放置 2 个标志物作为起点，在训练梯另一端 5 米处放置 2 个标志物作为终点。

2. 学生侧向训练梯站在起点处，在发令开始之后，当左脚跨入横杆后，右脚快速跟进，左脚立即向后退出，右脚也向后退出，左脚再次向下一栏进入，然后依次完成训练梯动作，快速转身正向全速跑过终点线。

3. 学生在跑的过程中踩训练梯横杆或踢乱训练梯的现象为步伐错误，重新开始。

场地布置：平坦空地，敏捷梯 2~4 副。

教学提示：踩在每格内，注意节奏。

安全事项：敏捷梯有挪位或移动，应将其摆回原位。

练习 157：正向高抬腿敏捷梯跑

目　　标：发展学生步频和在跑动中迅速变向的能力。

方　　法：

1. 在地面上放置一个规则的敏捷训练梯，距训练梯一端放置 2 个标志物作为起点，在训练梯另一端 5 米处放置 2 个标志物作为终点。

2. 学生面向训练梯侧边站在起点处，在发令开始之后，右脚高抬腿跑，一脚进入训练梯侧边栏格内侧，左脚快速落在栏格外侧，右脚再次落入第二格内，然后依次完成训练梯动作，快速正向全速跑过终点线。

3. 学生在跑的过程中踩训练梯横杆或踢乱训练梯的现象为步伐错误，重新开始。

场地布置：平坦空地，敏捷梯 2~4 副。

教学提示：踩在每格内，注意节奏。

安全事项：敏捷梯有挪位或移动，应将其摆回原位。

练习 158：双脚左右进出敏捷梯跳

目　　标：发展学生腿部力量和在运动中迅速变向的能力。

方　　法：

1. 在地面上放置一个规则的敏捷训练梯，距训练梯一端放置 2 个标志物作为起点，在训练梯另一端 5 米处放置 2 个标志物作为终点。

2. 学生面向训练梯站在第一格侧方起点处，在发令开始之后，双脚侧向跳入第一格内，然后从另一侧跳出，再次跳进第二格内，然后依次完成训练梯动作，快速正向全速跑过终点线。

3. 学生在跑的过程中踩训练梯横杆或踢乱训练梯的现象为步伐错误，重新开始。

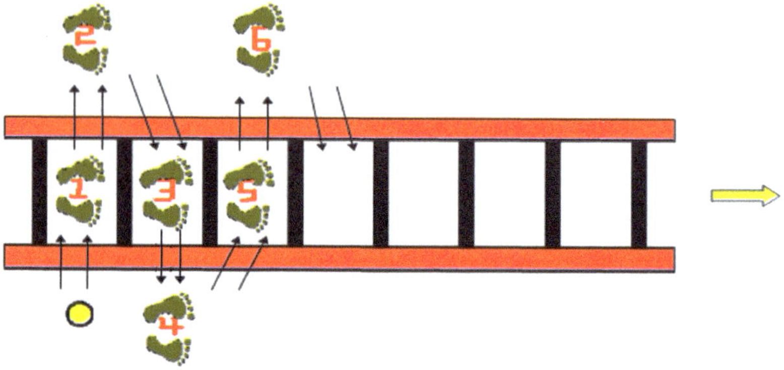

场地布置：平坦空地，敏捷梯 2~4 副。

教学提示：踩在每格内，注意节奏。

安全事项：敏捷梯有挪位或移动，应将其摆回原位。

练习 159：剪刀步敏捷梯跳

目　　标：发展学生侧向动作速度和协调性。

方　　法：

1. 在地面上放置一个规则的敏捷训练梯，距训练梯一端放置 2 个标志物作为起点，在训练梯另一端 5 米处放置 2 个标志物作为终点。

2. 学生侧向训练梯站在第一格侧方起点处，在发令开始之后，左脚剪刀步跳入第一格内，右脚剪刀步跳格外，右脚再次剪刀步进入第二格内。然后依次完成训练梯动作，转身快速正向全速跑过终点线。

3. 学生在跑的过程中踩训练梯横杆或踢乱训练梯的现象为步伐错误，重新开始。

场地布置：平坦空地，敏捷梯 2~4 副。

教学提示：踩在每格内，注意节奏。

安全事项：敏捷梯有挪位或移动，应将其摆回原位。

练习 160：侧向后退进出敏捷梯跑

目　　标：发展学生向后的动作速度和协调性。

方　　法：

1. 在地面上放置一个规则的敏捷训练梯，距训练梯一端放置 2 个标志物作为起点，在训练梯另一端 5 米处放置 2 个标志物作为终点。

2. 学生背向训练梯站在第一格侧方起点处，在发令开始之后，右脚快速进入第一格内，左脚快速跟进，然后右脚退出栏格，左脚也退出，左脚进入第二栏格，随后右脚进第二栏，依次完成训练梯动作，转身快速正向全速跑过终点线。

3. 学生在跑的过程中踩训练梯横杆或踢乱训练梯的现象为步伐错误，重新开始。

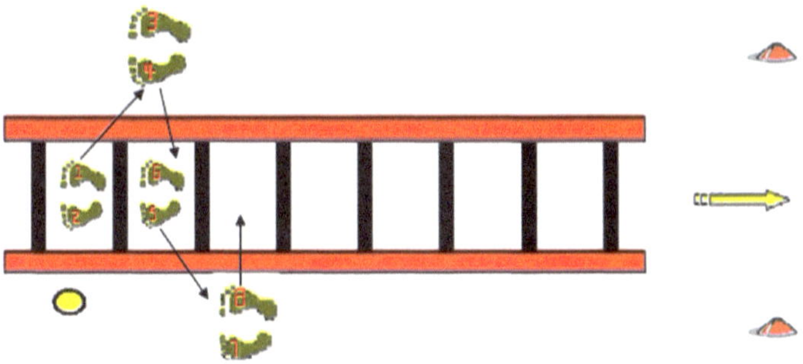

场地布置：平坦空地，敏捷梯 2~4 副。

教学提示：踩在每格内，注意节奏。

安全事项：敏捷梯有挪位或移动，应将其摆回原位。

二、灵敏栏

功　　能：发展速度、灵敏、协调能力。

练习 161：“十”字跳

目　　标：发展学生下肢弹跳力和爆发力。

方　　法：

1. 将 4 个栏架平放在平坦地面上，2 个平行横向摆放，2 个平行竖向摆放。

2. 学生面向栏架站立，在发令开始后，双脚向前跳过栏，然后向左侧跳过栏，再向后跳回，向右跳回，依次跳跃 4 个栏架为 1 次，完成 10 次。

3. 学生在跳跃过程中碰倒或踢乱栏的现象为步伐错误，重新开始。

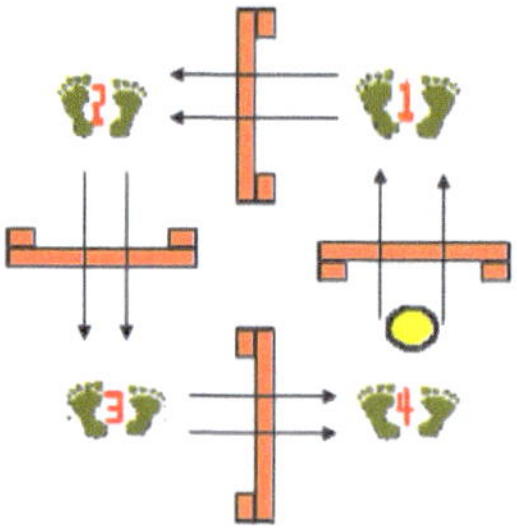

场地布置：平坦空地，4 个为 1 组，安排 2~4 组。

教学提示：注意节奏，落地缓冲。

安全事项：栏如有碰倒或移动需要调回原位。

练习 162：“十”字跳接快速跑

目　　标：发展学生下肢弹跳力和爆发力，发展速度和灵敏性。

方　　法：

1. 将 4 个栏架平放在平坦地面上，2 个平行横向摆放，2 个平行竖向摆放，栏左右前后间距为 50~80 厘米，第一个栏架作为起点，距起点 30 米处放置 2 个标志物作为终点。

2. 学生面向栏架站立，在发令开始后，双脚向前跳过栏，然后向右侧跳过栏，向左侧跳回，再向左侧跳，最后向前跳过栏架，快速跑过终点。

3. 学生在跳跃过程中碰倒或踢乱栏的现象为步伐错误，重新开始。

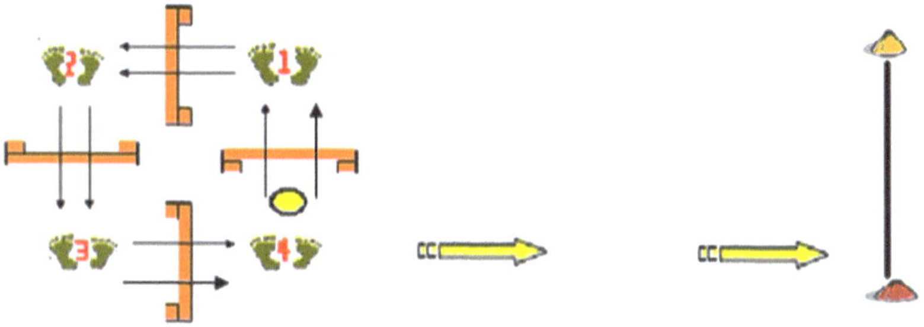

场地布置：平坦空地，安排 2~4 组。
教学提示：快速跑启动要快，冲过终点。
安全事项：栏如有碰倒或移动需要调回原位。

练习 163：双脚连续跳

目　　标：发展学生的弹跳能力及全身协调用力的能力。
方　　法：

1. 将 8 个栏架按顺序摆放在平坦地面上，每个栏架间距和高度摆放要适宜，学生在跳跃过程中尽量保持一定的动作节奏，第一个栏架作为起点，距起点 30 米处放置 2 个标志物作为终点。

2. 学生面向栏架站立，在发令开始后，双脚向前跳过栏。依次跳过各栏架，快速跑过终点。

3. 学生在跳跃过程中碰倒或踢乱栏的现象为步伐错误，重新开始。

场地布置：平坦场地，6~8 栏为 1 组。
教学提示：注意节奏，落地缓冲，为提高难度可适当增加栏间距离。
安全事项：栏如有碰倒或移动需要调回原位。

练习 164：跨栏跑

目　　标：发展学生在跑动中跨越障碍的能力。

方　　法：

1. 将 8 个栏架按顺序摆放在平坦地面上，每个栏架间距为 1~1.5 米，距第一个栏架 5 米为起点，距起点 30 米处放置 2 个标志物作为终点。

2. 学生面向栏架站立，在发令开始后，依次跑过各栏架后快速跑过终点。

3. 学生在跑动过程中碰倒或踢乱栏的现象为步伐错误，重新开始。

场地布置：平坦场地，6~8 栏为 1 组。

教学提示：注意跑动节奏。

安全事项：栏如有碰倒或移动需要调回原位。

练习 165：2 栏快速移动脚步

目　　标：发展学生高强度下持续运动能力和动作速度。

方　　法：

1. 将 2 个栏架平行摆放在平坦地面上，根据学生身高间距为 50~70 厘米。

2. 学生侧向栏架站在栏架左外侧，当听到开始口令后，向右侧高抬腿依次过栏。

3. 当右腿跨过第二栏着地后，向左跨，当左腿跨过第二栏着地后，向右跨。依次重复进行。

4. 左右脚往返 2 个栏架，回到起始位置，记数 1 次，30 次为 1 组。

5. 学生在跑动过程中碰倒或踢乱栏的现象为步伐错误，重新开始。

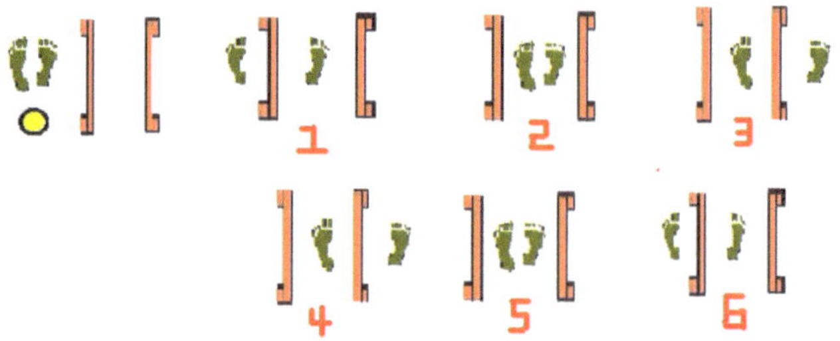

场地布置：平坦场地，2 栏为 1 组，6~8 组。
教学提示：注意跑动节奏。
安全事项：栏如有碰倒或移动需要调回原位。

练习 166：双方向侧向移动

目　　标：发展学生高强度下持续运动能力和侧向移动能力。
方　　法：

1. 将 6~8 个栏架平行摆放在平坦地面上，根据学生身高间距为 50~70 厘米。

2. 学生侧向栏架站在栏架左外侧。当听到开始口令后，向右侧高抬腿依次过栏。

3. 当右腿跨过第一栏着地后，左腿跟进跨过，右腿快速跨过第二栏着地后，左腿跟进跨过。依次重复进行，到最右侧栏架后原动作返回。

4. 左右往返栏架，回到起始位置，记数 1 次，4 次为 1 组。

5. 学生在跑动过程中碰倒或踢乱栏的现象为步伐错误，重新开始。

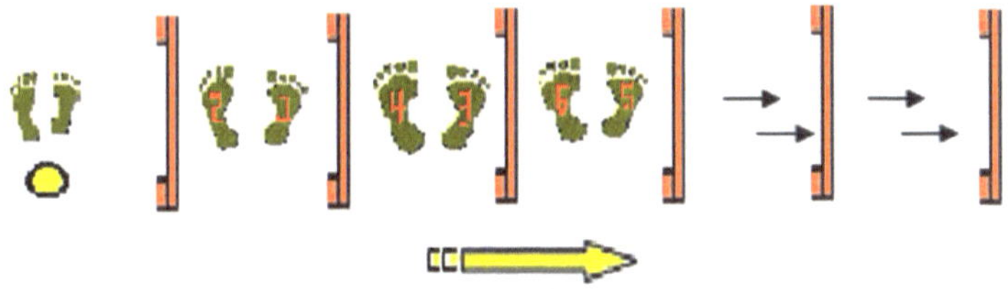

场地布置：平坦场地，6~8 栏为 1 组，2~4 组。
教学提示：注意动作频率及节奏。
安全事项：栏如有碰倒或移动需要调回原位。

练习 167：多栏快速脚步移动接快速跑

目　　标：发展学生高强度下持续运动能力和侧向移动能力。
方　　法：

1. 第一栏为起点，最后一栏到终点 5 米距离，将 6~8 个栏架平行摆放在平坦地面上，根据学生身高间距为 50~70 厘米。

2. 学生侧向栏架站在栏架左外侧。当听到开始口令后，向右侧高抬腿依次过栏。

3. 当右腿跨过第一栏着地后，左腿跟进跨过，右腿快速跨过第二栏着地后，左腿跟进跨过。依次重复进行，过最后一栏后转身快速跑过终点。

4. 学生在跑动过程中碰倒或踢乱栏的现象为步伐错误，重新开始。

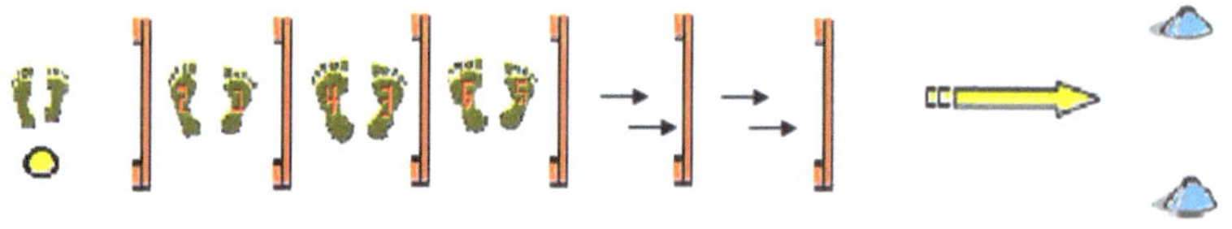

场地布置：平坦场地，6~8 栏为 1 组，2~4 组。
教学提示：注意动作频率及节奏。
安全事项：栏如有碰倒或移动需要调回原位。

练习 168：转身跳

目　　标：发展学生的弹跳能力及全身协调用力的能力。
方　　法：

1. 将 8 个栏架按顺序摆放在平坦地面上，每个栏架间距和高度摆放要适宜，学生在跳跃过程中尽量保持一定的动作节奏。

2. 学生面向栏架站立。在发令开始后，双脚向前跳过栏同时转身 90° 落地，然后双脚向前跳过栏同时反向转身 90° 落地，依次跳过各栏架。

3. 学生在跳跃过程中碰倒或踢乱栏的现象为步伐错误，重新开始。

场地布置：平坦场地，6~8 栏为 1 组，2~4 组。
教学提示：落地缓冲，为增加难度可适当调整栏间距。
安全事项：栏如有碰倒或移动需要调回原位。

练习 169：六边跳

目　　标：发展学生的腿部力量及全身协调用力的能力。
方　　法：

1. 将栏围成六边形，每个栏架间距和高度摆放要适宜，学生在做动作过程中尽量保持一定的动作节奏。

2.学生站在栏中。后跳跃通过外侧栏后跳回原位，依次顺时针方向跳跃6个栏。

3. 学生在跑动过程中碰倒或踢乱栏的现象为步伐错误，重新开始。

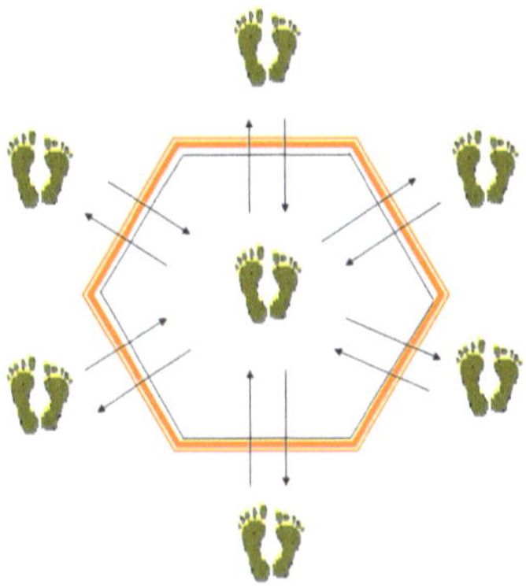

场地布置：平坦场地，6栏为1组。

教学提示：在跳跃过程中，保持面向前方不变，为增加难度，可以在跳跃过程中给出“顺反”口令，听到口令后，根据口令变化跳跃方向。

安全事项：栏如有碰倒或移动需要调回原位。

练习170：“Z”字跳

目　　标：发展学生的腿部力量及全身协调用力的能力。

方　　法：

1. 将6~8个栏架按“Z”字摆放在平坦地面上，每个栏架间距和高度摆放要适宜，学生在做动作过程中尽量保持一定的动作节奏。

2. 学生面向栏架站立。在发令开始后，依次斜向双腿跳跃通过每一个栏，移动过程中始终面朝正前方。依次完成后向前跑出。

3. 学生在跑动过程中碰倒或踢乱栏的现象为步伐错误，重新开始。

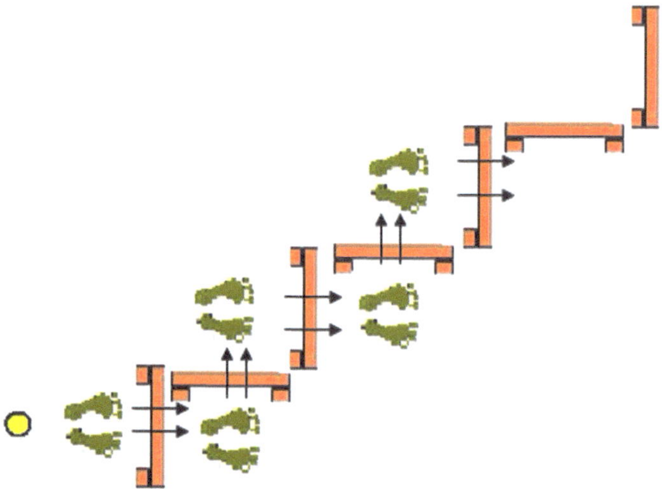

场地布置：平坦场地，6~8 栏为 1 组。

教学提示：注意节奏和落地缓冲。

安全事项：栏如有碰倒或移动需要调回原位。

练习 171：双脚左右（前后）跳

目　　标：发展学生的腿部力量及全身协调用力的能力。

方　　法：

1. 将 1 个栏架摆放在平坦地面上，学生在做动作过程中尽量保持一定的动作节奏。

2. 学生侧向栏架站立，在发令开始后，双脚跳起侧向（向前）过栏，再反方向（向后）跳回。完成 8~10 次。

3. 学生在跑动过程中碰倒或踢乱栏的现象为步伐错误，重新开始。

场地布置：平坦场地。

教学提示：注意落地缓冲，掌握好节奏。

安全事项：栏如有碰倒或移动需要调回原位。

练习 172：单脚左右（前后）跳

目　　标：发展学生的腿部力量及全身协调用力的能力。

方　　法：

1. 将 1 个栏架摆放在平坦地面上，学生在做动作的过程中尽量保持一定的动作节奏。

2. 学生侧向栏架站立。在发令开始后，单脚跳起侧向（向前）过栏，再反方向（向后）跳回。完成 8~10 次。

3. 学生在跑动过程中碰倒或踢乱栏的现象为步伐错误，重新开始。

场地布置：平坦场地。

教学提示：注意落地缓冲，掌握好节奏。

安全事项：栏如有碰倒或移动需要调回原位。

练习 173：侧跨跳

目　　标：发展学生的腿部力量及全身协调用力的能力。

方　　法：

1. 将 1 个栏架摆放在平坦地面上，学生在做动作过程中尽量保持一定的动作节奏。

2. 学生侧向栏架站立。在发令开始后，侧跨跳起过栏，再向回侧跨跳跳回。完成 8~10 次。

3. 学生在跑动过程中碰倒或踢乱栏的现象为步伐错误，重新开始。

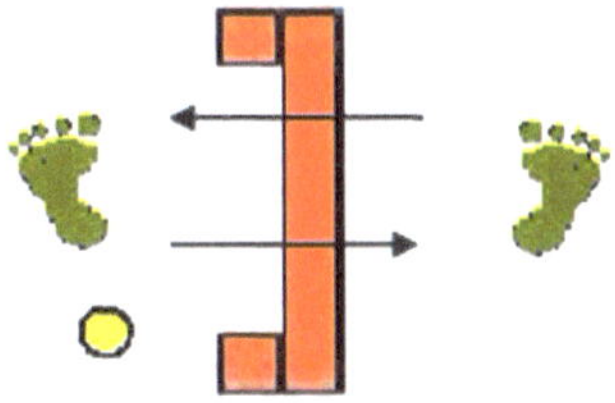

场地布置：平坦场地。
教学提示：注意落地缓冲，掌握好节奏。
安全事项：栏如有碰倒或移动需要调回原位。

三、敏捷环

功　　能：发展速度、灵敏、协调能力。

练习 174：连续跳

目　　标：发展速度力量和弹跳能力及全身协调用力能力。
方　　法：
1. 将 8 个敏捷环成一直线排列，学生迅速依次双脚跳过圈。
2. 学生在跳动过程中碰倒或踢乱环的现象为步伐错误，重新开始。

场地布置：平坦场地，敏捷环 6~8 个 1 组，2~4 组。
教学提示：为增加难度可采取以下方式。
1. 单脚跳。
2. 增加距离。
3. 在中间（最后）增加间距。
4. 在中间（最后）摆放栏增加高度。
安全事项：环如移动需要摆回原位。

练习 175：连续向前变向跳

目　　标：发展学生的弹跳能力和运动中的变向能力。

方　　法：

1. 将敏捷环左右交错摆成两直线排列，学生以左前、右前的方式向前跳。
2. 学生在跳动过程中碰倒或踢乱环的现象为步伐错误，重新开始。

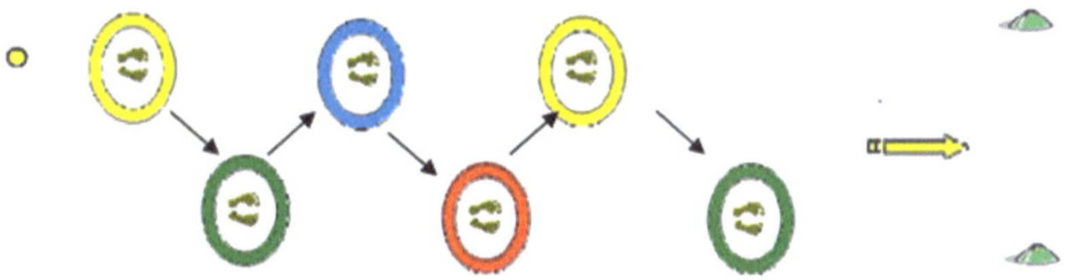

场地布置：平坦场地，6~8 个为 1 组，2~4 组。

教学提示：跳跃时面向前进方向，也可以连续一个一个跳，为增加难度可以加大间距。

安全事项：环如移动需要摆回原位。

练习 176：侧向跳

目　　标：发展学生跳跃能力、灵敏素质及协调能力等。

方　　法：

1. 将 8 个敏捷环成一直线排列，间隔适宜。
2. 学生侧向敏捷环站立，开始后，侧向依次跳跃。
3. 学生在跳动过程中碰倒或踢乱圈的现象为步伐错误，重新开始。

场地布置：平坦场地，6~8 个为 1 组，2~4 组。

教学提示：向体侧方向平行跳跃，下一次变化方向，为增加难度可以加大间距。

安全事项：环如移动需要摆回原位。

练习 177：前后左右跳

目　　标：发展学生腿部力量，提高学生在运动中快速变向能力。

方　　法：

1. 4 个环为 1 组摆成正方形，前后左右间距一致，距离适宜。
2. 学生按顺序迅速并腿跳跃，循环跳跃 6~8 组，每次 3 组。
3. 学生在跳动过程中碰倒或踢乱环的现象为步伐错误，重新开始。

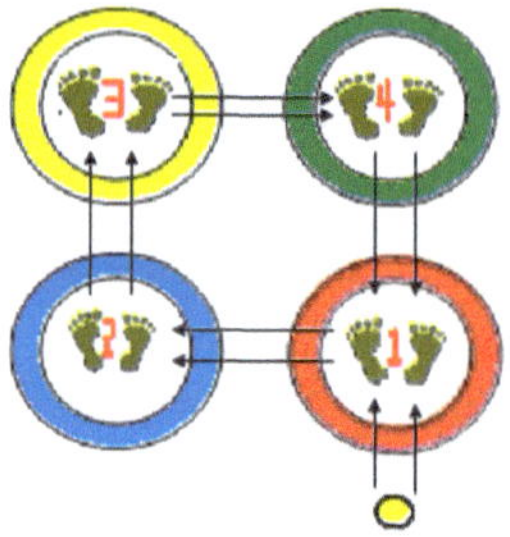

场地布置：平坦场地，4 个圈为 1 组，6~8 组。

教学提示：可按顺时针或逆时针方向跳跃，为增加难度可以加大间距。

安全事项：环如移动需要摆回原位。

练习 178：转身跳

目　　标：发展学生跳跃能力、灵敏素质及协调能力等。

方　　法：

1. 将 8 个敏捷环成一直线排列，间隔适宜。
2. 学生面向敏捷环站立，开始后，跳起转身 180° 落地，依次前进。
3. 学生在跳动过程中碰倒或踢乱环的现象为步伐错误，重新开始。

场地布置：平坦场地，6~8 个环为 1 组，2~4 组。

教学提示：跳起控制好身体，转身落地，可顺时针或逆时针完成转身，为增加难度可以加大间距。

安全事项：环如移动需要摆回原位。

练习 179：2–1–2 跳

目　　标：发展学生跳跃能力、灵敏素质及协调能力等。

方　　法：

1. 将敏捷环按 2—1—2 的顺序摆放，成一直线排列，间隔适宜。

2. 学生面向敏捷环站立，开始后，按 2 分腿—1 单腿—2 双腿顺序跳跃，依次完成。成一直线排列，间隔适宜。

3. 学生在跳动过程中碰倒或踢乱环的现象为步伐错误，重新开始。

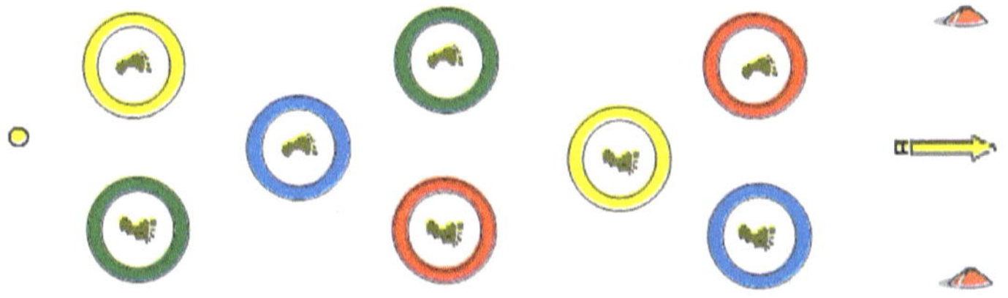

场地布置：平坦场地，8 个环为 1 组，2~4 组。

教学提示：单脚落地，可交替换脚，为增加难度可以加大间距。

安全事项：环如移动需要摆回原位。

练习 180：起动与静止

目　　标：发展学生腿部力量、支撑能力及协调能力等。

方　　法：

1. 将敏捷环摆成 5 米等边三角形。

2. 学生面向敏捷环站立，手触环内地面，听到口令后快速启动跑到下一环外侧单脚站立，手触环内保持静止姿势 3 秒，再跑向下一环完成动作，最后跑回。

3. 学生在跳动过程中碰倒或踢乱环的现象为步伐错误，重新开始。

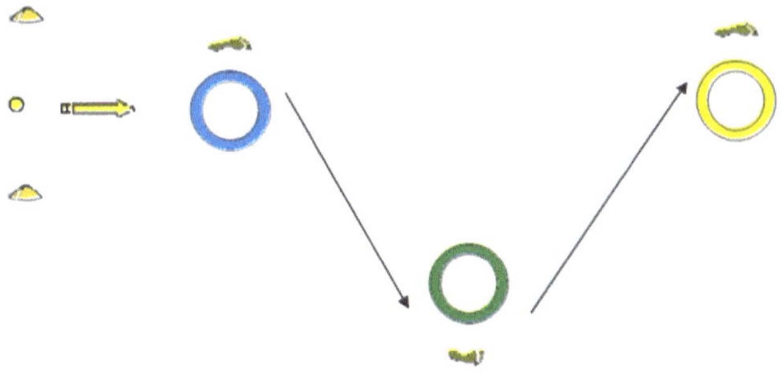

场地布置：平坦场地，将 3 个环摆成等腰三角形。
教学提示：环侧单脚支撑要保持平稳，手触环内地面，静止 3~5 秒再启动。
安全事项：环如移动需要摆回原位。

练习 181：翻　转

目　　标：发展学生肩关节的柔韧性，加大肩关节的活动范围。
方　　法：

1. 2 名学生分别握住敏捷环的两侧，向一侧转体的同时两手上举，成背对背姿势，换相反方向做。

2. 动作协调一致。

场地布置：平坦场地，2 人一组。
教学提示：动作要由慢到快，转肩次数逐渐增加。
安全事项：保持每组之间的间距。

练习 182：跑跑停停

目　　标：发展有氧能力，增强心肺功能，增强关节的支撑力。
方　　法：

1. 在 30~60 米距离内摆 6~8 个敏捷环，每个环间距相等。

2. 学生在环内做原地高抬腿 5~10 次，然后跑到下一环再做高抬腿 5~10 次，直至跑完所有环。

3. 自始至终保持动作规格，注意呼吸配合。

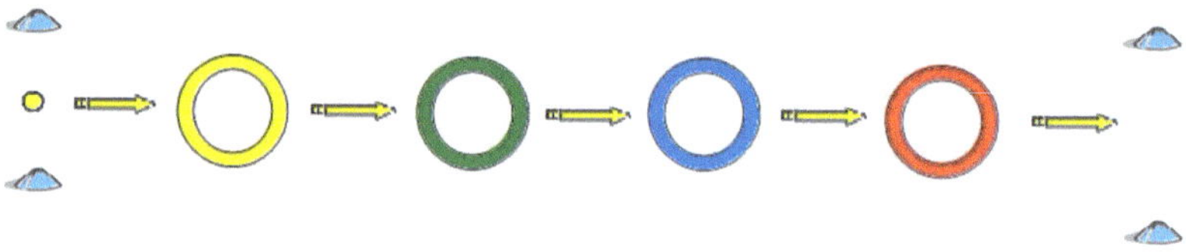

场地布置：平坦场地，6~8 个环，环间距 6~8 米。
教学提示：自始至终尽量保持动作规格，注意呼吸配合。
安全事项：圈如移动需要摆回原位。
场地器材：能量圈 3 个一组。
晋　　级：
1. 增加距离和敏捷环数量。
2. 增加高抬腿数量。

练习 183：推环跑

目　　标：发展有氧耐力，增强心肺功能，提高协调性。
方　　法：手推敏捷环跑。

场地布置：平坦场地，画出间距 30 米的起止线，8~10 个环。
教学提示：单手推环，跟上环滚动速度，跑直线。可进行绕障碍跑、计时跑、追逐跑等提高难度。
安全事项：注意周围活动同学，避免碰撞。

四、移动盘

功　　能：发展速度、灵敏、协调能力。

练习 184：变向跑

目　　标：发展学生腿部力量和在跑动中的快速变向能力。

方　　法：

1. 在跑进方向上摆放移动盘成“Z”字形分布，移动盘之间间隔 1~2 米。
2. 学生从起跑线出发后，一步一点向前跨步跳，到达终点后直线跑回。

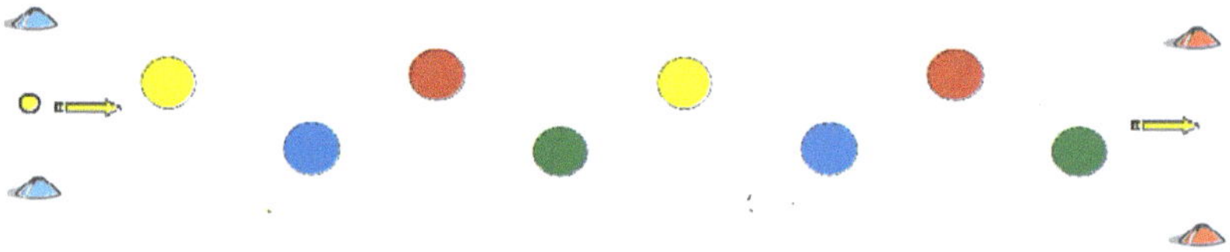

场地布置：平坦场地，8~10 个盘为 1 组。

教学提示：动作连贯，在跨跳时不要有明显停顿，为增加难度可以加大间距。

安全事项：盘如有移动需要调整到原位置。

练习 185：踩点跑

目　　标：发展有氧耐力、速度耐力及快速跑的能力。

方　　法：

1. 沿直线摆放移动盘。
2. 学生一步一点跑到终点，再直线跑回。
3. 按顺序跑，一步一个标志点。

场地布置：平坦场地，8~10 个盘为 1 组。

教学提示：根据移动盘摆放间距调整步幅、频率，为增加难度可调整间距和移动盘数。

安全事项：盘如有移需要动调整到原位置。

练习 186：通级跳

目　　标：发展速度力量和弹跳能力并体会不断超越自我的快乐。

方　　法：场地摆放多个标志点作为要达到的目标，每次跳跃都争取超越目标。

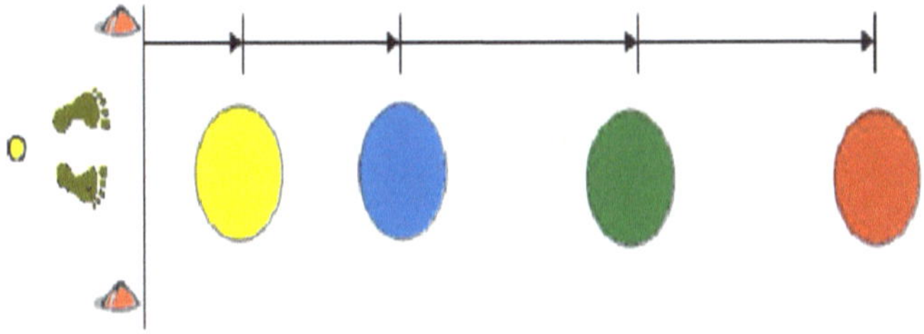

场地布置：平坦场地。
教学提示：可采用连续蛙跳、单脚跳、跨跳等方式。
安全事项：盘如有移动需要调整到原位置。

练习 187：平衡站

目　　标：发展学生平衡能力。
方　　法：
1. 学生单脚站在移动盘上，平衡站脚不得离开移动盘。
2. 两脚交替练习。

场地布置：平坦场地，8~10 个平衡盘。
教学提示：可采用多种练习方法，如闭眼站立、屈膝站立、燕式平衡站立等。
安全事项：练习者保持前后左右间距。

练习 188：原地跳转

目　　标：提高身体控制平衡的能力。
方　　法：在移动盘上原地起跳 180°、360°，落地后还在目标点。

场地布置：平坦场地。

教学提示：动作轻盈，注意体会手臂动作对维持身体平衡的重要作用。

安全事项：练习者保持前后左右间距。

五、目标线

功　　能：发展速度、灵敏、协调能力。

练习 189：左右移动

目　　标：发展学生跳跃能力、灵敏素质及协调能力等。

方　　法：在地面上摆放 3 条间距 0.5~1 米的平行线，学生站在中线上。听到开始口令，学生迅速向左跳步，触及左边线后，立即返回中线，然后再向右侧做侧跳步再次回到中线时，动作完成 1 次。

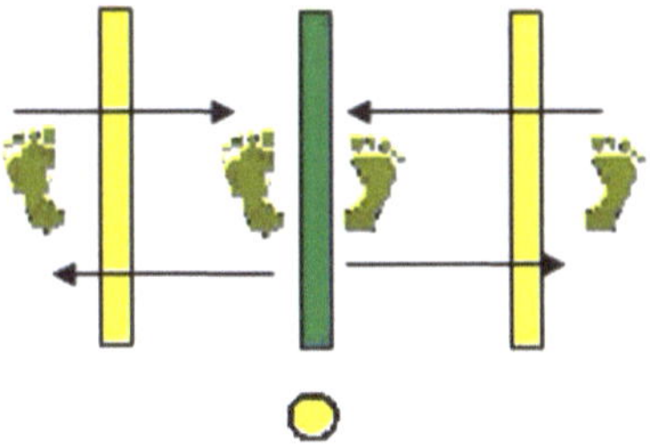

场地布置：平坦场地，安排 8~10 组练习。

教学提示：控制身体重心起伏，脚必须触及边线才能返回。

安全事项：目标线如有移动需要摆回原位置。

练习 190：快频跑

目　　标：发展学生步频以及在快速跑动中控制步幅和跑动节奏的能力。

方　　法：在 30 米长跑道上每间隔 1 米放置一条场地线，学生快速在场地线间跑过。快速、准确地踏在场地线中间位置，注意动作节奏。

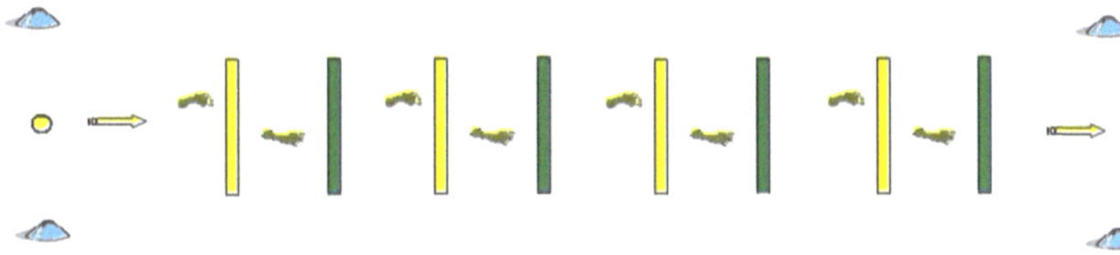

场地布置：平坦场地，每组摆放 8~10 条，起点终点间距 30 米。

教学提示：快速、准确地踏在场地线中间位置，注意动作节奏。

安全事项：目标线如有移动需要摆回原位置。

练习 191：大步跑

目　　标：发展学生步幅以及在快速跑动中控制步幅和跑动节奏的能力。

方　　法：在 30 米长跑道上每间隔 1.5 米放置一条场地线，学生快速在场地线间跑过。

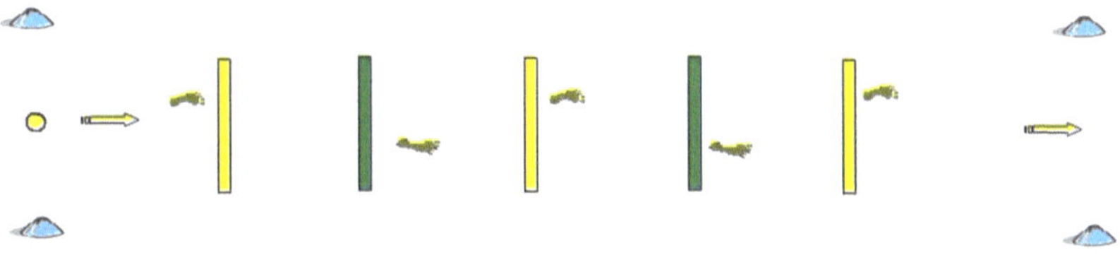

场地布置：平坦场地，每组摆放 8~10 条，起点终点间距 40~50 米。
教学提示：快速、准确地踏在场地线中间位置，注意动作节奏，步幅要大。
安全事项：目标线如有移动摆回原位置。

练习 192：交错跑

目　　标：发展频率和在跑动中迅速变向的能力。
方　　法：将场地线摆放成一条直线，学生快速跑动，左右脚落在线两侧。

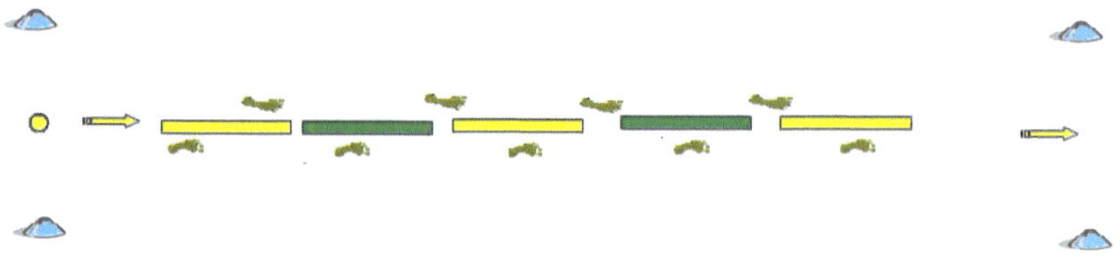

场地布置：平坦场地，每组摆放 8~10 条，起点终点间距 30 米。
教学提示：动作准确、迅速。
安全事项：目标线如有移动需要摆回原位置。

练习 193：“Z”字跳

目　　标：发展学生的弹跳能力、快速变向能力及全身的灵活性。
方　　法：

1. 将场地线摆放成 8~10 个“Z”字形。
2. 学生从开始处向侧或前方向跳过场地线。
3. 跳到终点为结束。

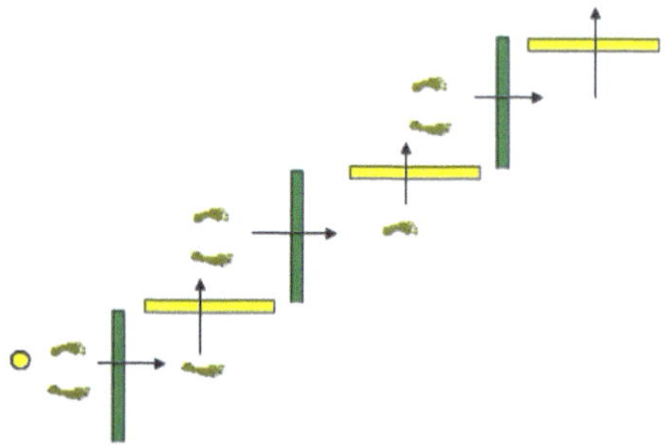

场地器材：目标线 8~10 条。
场地布置：平坦场地，每组摆放 6~8 条。
教学提示：为增加难度可加大距离和目标线数量，并采用单脚方式。
安全事项：目标线如有移动需要摆回原位置。

练习 194：仰卧静止

目　　标：发展学生腰腹部力量。

方　　法：

1. 学生仰卧，屈膝约 90°，抬上体。
2. 双手触腿部下场地线，保持静止状态。
3. 保持静止时间为 30~60 秒。

场地布置：平坦场地，垫子。

教学提示：可尽量保持静止时间。

安全事项：安排保护帮助人员。

六、平衡垫

功　　能：发展平衡、协调能力。

练习 195：平衡站立

目　　标：发展学生平衡能力及协调能力。

方　　法：双脚踩在平衡垫上。

场地布置：平坦场地。

教学提示：手臂控制好平衡，采取多种练习方法：单脚保持平衡站立、垫上蹲起、单脚垫上平衡动作、垫上持球练习、双脚分开垫上站立等。

安全事项：可安排保护帮助人员。

练习 196：垫上直角坐

目　　标：发展学生腰腹力量及平衡能力。

方　　法：坐在平衡垫上，举双腿抬上体成“V”字形，静止保持。

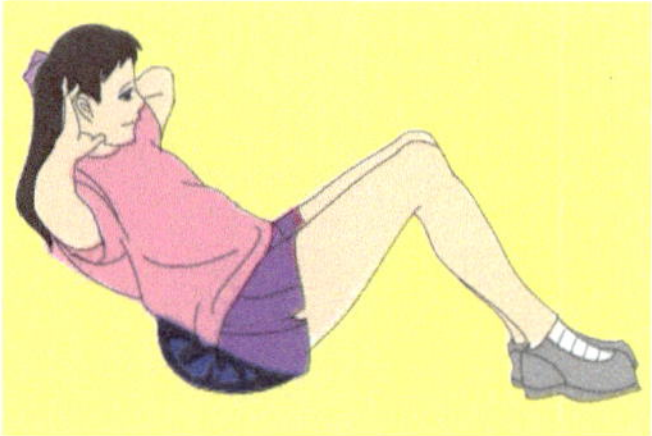

场地布置：平坦场地。

教学提示：尽量保持静止时间，为增加难度可选择多种练习方式：平衡垫上仰卧起坐。

安全事项：可安排保护帮助人员。

练习 197：俯卧支撑平衡

目　　标：发展学生平衡能力及上肢腰腹部力量。

方　　法：学生成俯卧撑姿势，两手各撑在一个平衡垫上，保持静止姿势。

场地布置：平坦场地。

教学提示：刚开始为静止姿势，为增加难度可选择多种练习方式，如支撑平衡垫做俯卧撑，双脚、双手支撑平衡垫保持静止。

安全事项：可安排保护帮助人员。

练习 198：上下平衡

目　　标：发展学生下肢平衡能力及全身协调性。

方　　法：

1. 面向平衡垫站立，学生依次站上平衡垫，然后依次下来，交替进行。
2. 8~10 次为 1 组。

场地布置：平坦场地。

教学提示：上下垫动作要稳，为增加难度可采用原地快跑后上垫，然后下垫。

安全事项：可安排保护帮助人员。

七、榴莲球

功　　能：发展平衡、协调能力。

练习 199：踩石行走

目　　标：发展学生平衡能力及全身协调能力。

方　　法：将榴莲球摆成距离适宜的一列，学生顺序走过。

场地布置：平坦场地，可摆放 4~8 个榴莲球。

教学提示：移动时动作要稳，脚底踩实，为增加难度可采用将榴莲球“Z”形摆放，学生顺序走过；增加距离，学生大跨步移动；增大间距，学生跨越完成。

安全事项：可安排保护帮助人员。

练习 200：踩石前进

目　　标：提高身体平衡能力，发展身体协调性。

方　　法：

1. 学生脚踩榴莲球出发，不断移动 3 个榴莲球，脚踩在上面前进，到达终点。
2. 行进过程中脚不得踩地，失误者返回起点重做。

场地布置：平坦场地，20 米的平行线代表区域。
教学提示：脚不得踩地，失误者返回起点重新开始。
安全事项：动作要稳。

练习 201：上步踏站

目　　标：发展学生下肢平衡能力及全身协调性。
方　　法：
1. 站立在 4~6 个榴莲球中间，然后依次上下，交替进行。
2. 8~10 次为 1 组。

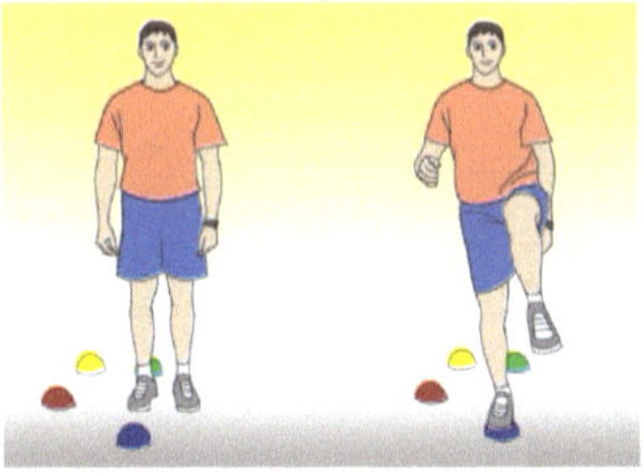

场地布置：平坦场地，每组 4 个。
教学提示：踩在榴莲球上要保持 3~4 秒时间，动作要稳。
安全事项：可安排保护帮助人员。

八、反应球

功　　能：发展反应、协调、灵敏、柔韧能力。

练习 202：抛接球

目　　标：提高投掷和接物的准确性。

方　　法：2 人一组，手持反应球距离 3~4 米面对面站立，将手中的反应球掷给对方的同时，接住对方掷来的反应球，在掷准的同时接准。

场地布置：平坦场地，2 人一组。

教学提示：在掷准的同时接准。

安全事项：保持好间距。

场地器材：反应球。

晋级练习：加快掷接频率。

练习 203：转体接自抛球

目　　标：提高身体的灵活性和控制平衡的能力。

方　　法：

1. 练习者将球高高抛起后，迅速转体并接住自己抛出的球。
2. 刚开始练习时，球尽量抛高，保证自己有足够的时间完成转体接球动作。

场地布置：平坦场地。

教学提示：刚开始练习时，球尽量抛高，保证自己有足够的时间完成转体接球动作。

安全事项：保持好间距。

练习 204：反应接球

目　　标：发展学生快速反应及快速启动能力。

方　　法：2 名学生间隔 1 米相对站立，一名学生将球上举，然后将球自由下落，另一名学生快速将球接住。

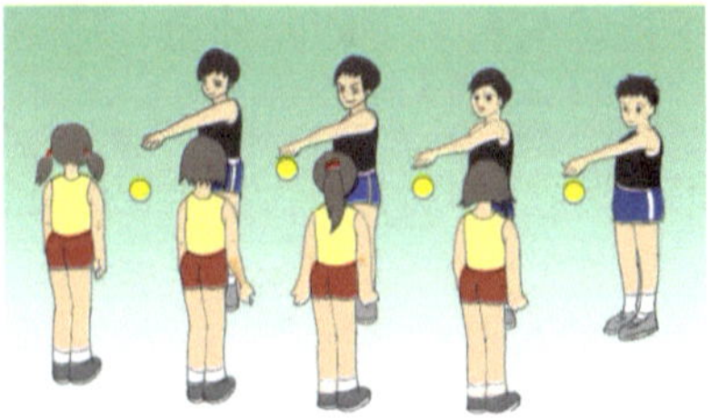

场地布置：平坦场地，2 人 1 球。

教学提示：刚开始可听口令统一进行，为增加难度可进行多种练习，如将手放在腿两侧、将手放在身后、指定左右手接。

安全事项：保持好左右间距。

练习 205：启动接球

目　　标：发展学生快速反应及快速启动能力。

方　　法：

1. 队员排成一列纵队，按顺序从起点线开始，起点 5~8 米处 1 名学生手持球，当起跑学生快速启动，距离还有 2~3 米时让球自由下落。

2. 启跑队员看到球抛出后快速跑上前接球。

场地布置：平坦场地，分组练习。

教学提示：放球时掌握好时机。

安全事项：接球时注意节奏。

练习 206：判断触击

目　　标：发展学生快速反应能力。

方　　法：

1. 2 名学生间隔 1 米相对站立，一名学生将两手放在背后，随意将左手或右手伸出，另一名学生根据伸出手快速判断，并用手触击，出手可随意交换。

2. 背后持球，其中一手持球与另一手同时伸出，另一名学生快速判断持球手并触击，持球手随意交换。

3. 2 名学生间隔 1 米相对站立，同时向左（右）并步移动，进行前面的练习。

场地布置：平坦场地，2 人一组。

教学提示：随机应变，快速反应。

安全事项：保持好间距。

练习 207：反弹接球

目　　标：发展学生快速反应和灵敏能力。

方　　法：将球抛向地面，根据球反弹方向接球。

场地布置：平坦场地，2~4 人一组。

教学提示：为提高练习兴趣和难度可安排单人练习、双人练习、多人练习、对墙练习等。

安全事项：接球时避免发生碰撞。

练习 208：膝下掏球

目　　标：提高身体的柔韧性与协调性，特别是肩背部的柔韧性。

方　　法：双脚前后错开全蹲，在脚前放一球，一只手臂从腿下穿过掏球，双脚的位置不许移动，掏球时，尽力下压肩部。

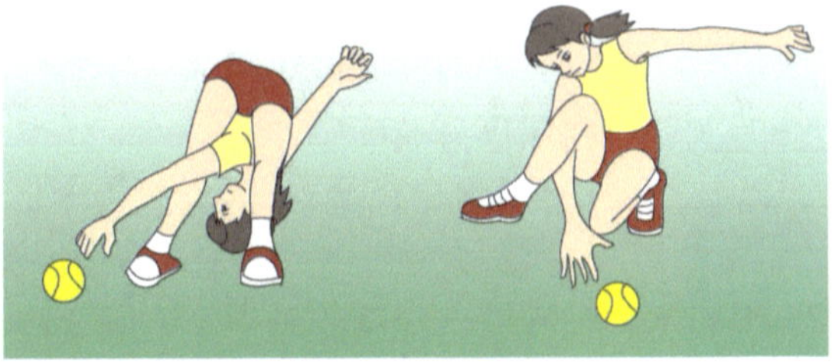

场地布置：平坦场地，2~4 人一组。

教学提示：逐渐加大球与脚的距离，两脚的位置不许移动，掏球时，尽力向下压肩部。

安全事项：开始前将韧带拉伸好，需要其他同学保护和帮助。

九、标志碟

功　　能：发展速度、灵敏、协调能力。

练习 209：绕标跑

目　　标：发展学生速度、灵敏性，提高跑动中不断改变跑动方向的能力。

方　　法：在 30 米跑道上设立若干标志碟，每个标志碟间距 1~2 米。学生从起点出发，按图绕标志碟跑，跑过终点，跑动中不得踢碰标志碟。

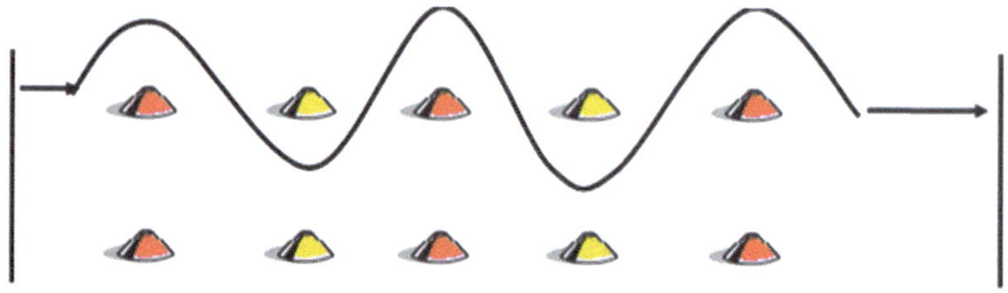

场地布置：平坦地面，按图要求摆放标志碟。

教学提示：练习时按顺序进行，前面一个同学跑完，后面同学再开始。

安全事项：圈如移动需要摆回原位。

练习 210：“Z”字跑

目　　标：发展学生速度、灵敏性，提高跑动中不断改变跑动方向的能力。

方　　法：在 30 米跑道上设立若干标志碟，每个标志碟间距 3~4 米。学生从起点出发，按图绕标志碟跑，跑过终点，跑动中不得踢碰标志碟。

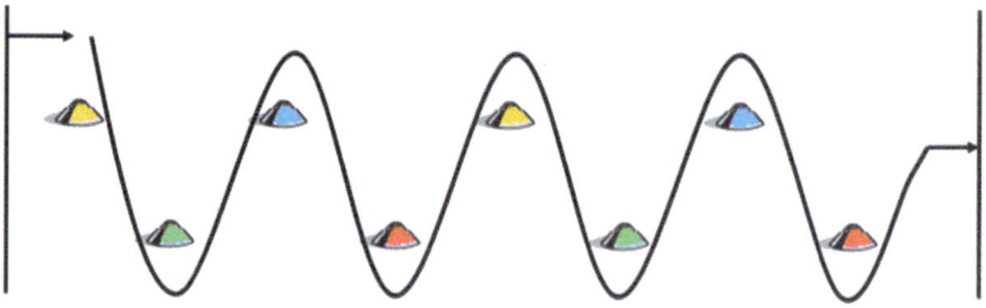

场地布置：平坦地面，按图要求摆放标志碟。

教学提示：练习时按顺序进行，前面一个同学跑完，后面同学再开始。

安全事项：圈如移动需要摆回原位。

练习 211：四方跑

目　　标：发展学生下肢力量及速度，提高灵敏性。

方　　法：学生从起点（第一标志碟）出发，按图快速跑到下一标志碟伸手触到。再跑下一标志蝶，依次完成。

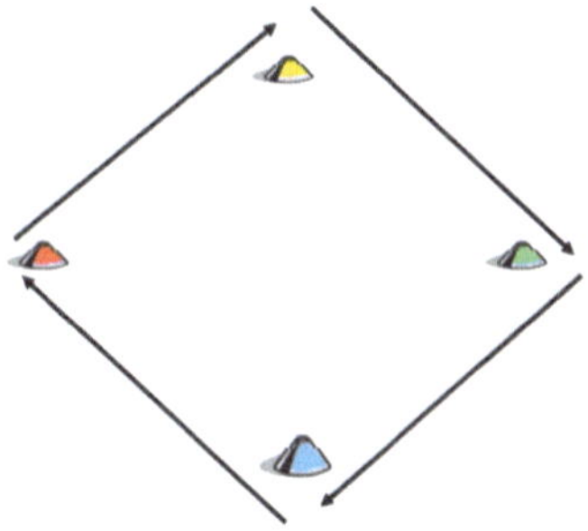

场地布置：平坦地面，按图要求摆放标志碟。

教学提示：练习时按顺序进行，前面一个同学跑完，后面同学再开始，采用并步跑、侧向移动等完成。

安全事项：圈如移动需要摆回原位。

练习 212：来回奔跑

目　　标：发展学生灵敏性，提高学生快速跑能力。

方　　法：学生从蓝色标志碟出发，跑到中央红色标志碟左转跑向黄色标志碟，绕回跑向红色标志碟左转跑向绿色标志碟，依次进行，最后跑回起点。

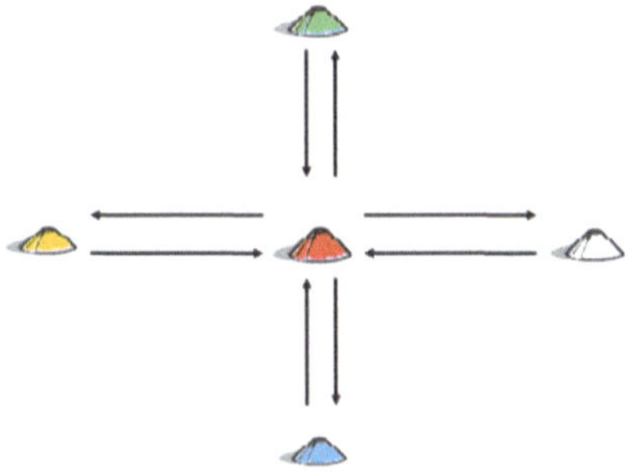

场地布置：平坦地面，按图要求摆放标志碟。

教学提示：练习时按顺序进行，前面一个同学跑完，后面同学再开始。

安全事项：圈如移动需要摆回原位。

练习 213：双箭头跑

目　　标：发展学生灵敏性及快速跑能力。

方　　法：将标志物按图进行摆放，先跑完右侧图形后再跑左侧图形。

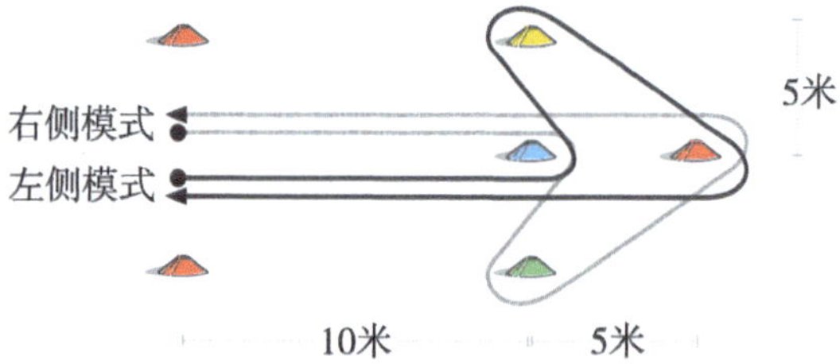

场地布置：平坦地面，按图要求摆放标志碟。

教学提示：练习时按顺序进行，前面一个同学跑完，后面同学再开始。

安全事项：圈如移动需要摆回原位。

练习 214：听口令选颜色

目　　标：提高学生快速反应能力，发展灵敏性。

方　　法：将各种颜色标志碟随意摆放，学生按口令快速选择出所要求的颜色。要求不得踢乱标志蝶，选择好标志碟时以手触到为准。

场地布置：平坦地面，按图要求摆放标志碟。

教学提示：练习时按顺序进行，前面一个同学跑完，后面同学再开始。

安全事项：圈如移动需要摆回原位。

练习 215：前后移动

目　　标：发展学生反应能力及协调性。

方　　法：学生站在中央位置，听到相应口令移动并触到指定标志碟。

场地布置：平坦地面，按图要求摆放标志碟。

教学提示：练习时按顺序进行，前面一个同学跑完，后面同学再开始。

安全事项：圈如移动需要摆回原位。

练习 216：多向跑动

目　　标：发展学生向前、向侧及向后移动的灵敏性能力。

方　　法：听到口令后，沿图的顺序和动作要求，迅速移动身体，完成跑动路线。

A → D → C → A → B → D → A

场地布置：平坦地面，按图要求摆放标志碟。

教学提示：练习时按顺序进行，前面一个同学跑完，后面同学再开始。

安全事项：圈如移动需要摆回原位。

练习 217：折返跑

目　　标：提高学生灵敏性，发展快速跑的能力 。

方　　法：开始姿势：手触中央标志碟，听到“开始”口令后从中央区向一侧迅速跑出，触到标志碟后跑回触中央标志碟后再向另一侧迅速出发，完成动作，迅速跑回。

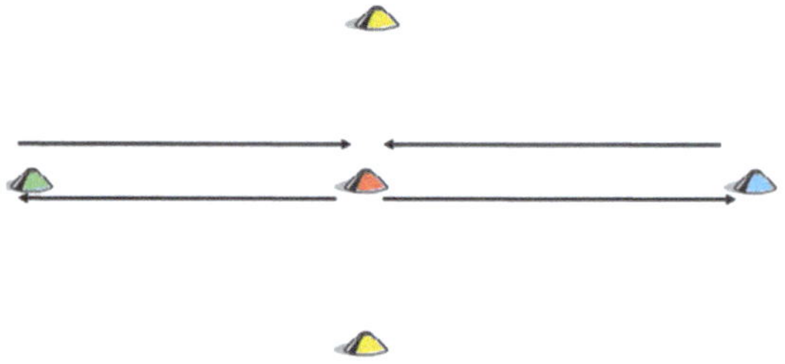

场地布置：平坦地面，按图要求摆放标志碟。

教学提示：练习时按顺序进行，前面一个同学跑完，后面同学再开始。

安全事项：圈如移动需要摆回原位。

练习 218：“8”字跑

目　　标：发展学生灵敏性和快速跑能力。

方　　法：将标志碟摆放成“8”字形，两端间距 8 米，左右间距 4 米，从起点出发绕跑。

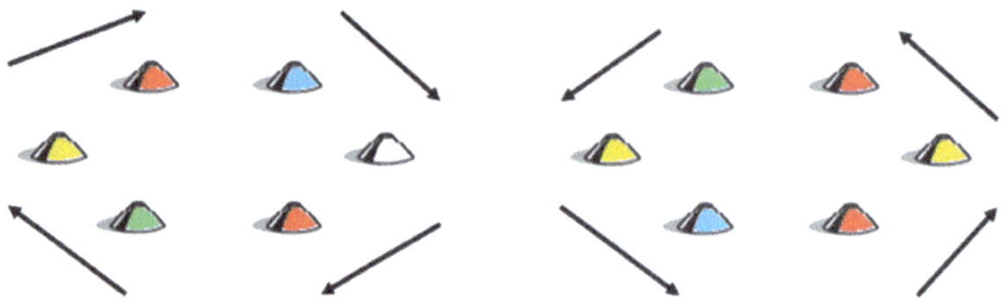

场地布置：平坦地面，按图要求摆放标志碟。

教学提示：练习时按顺序进行，前面一个同学跑完，后面同学再开始。

安全事项：圈如移动需要摆回原位。

十、障碍杆

功　　能：发展速度、力量、协调能力。

练习 219：正（后）向跨杆

目　　标：发展学生协调性、力量。

方　　法：

1. 正向连续抬腿跨过障碍杆。
2. 向后连续抬腿跨过障碍杆。
3. 正—反向连续抬腿跨过障碍杆。

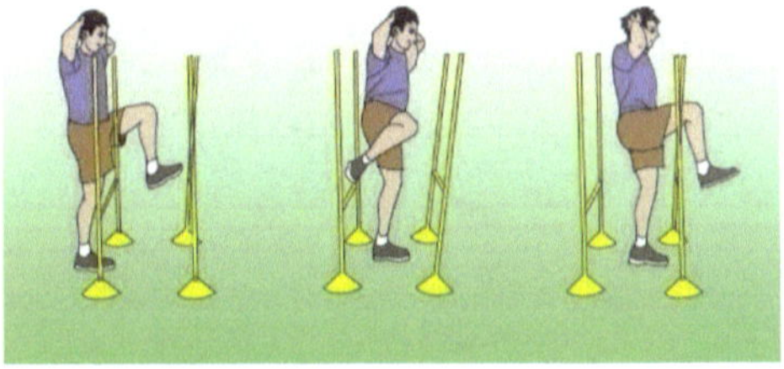

场地布置：平坦地面，2~4 组。

教学提示：双手抱头，上体直立。

安全事项：杆座装好填充物，摆正，位置适当。

练习 220：侧向跨杆

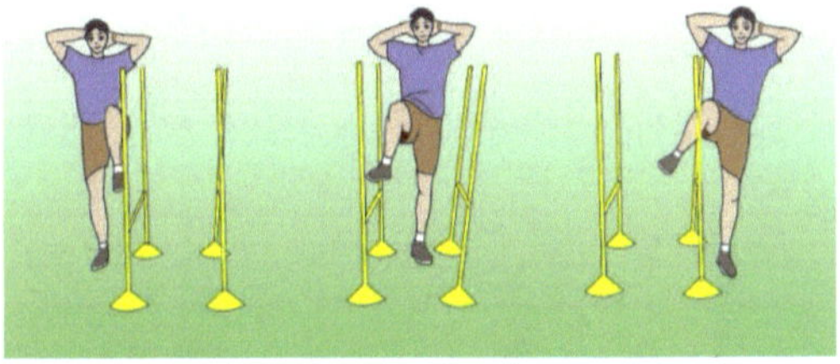

目　　标：发展学生协调性、力量。

方　　法：

1. 侧向连续抬腿跨过障碍杆。
2. 反向连续抬腿跨过障碍杆。

场地布置：平坦地面，2~4 组。

教学提示：双手抱头，上体直立。

安全事项：杆座装好填充物，摆正，位置适当。

练习 221：下蹲钻杆

目　　标：发展学生协调性、力量。

方　　法：

1. 正向连续下蹲钻过障碍杆。
2. 侧向下蹲钻过障碍杆。

场地布置：平坦地面，2~4 组。

教学提示：双手抱头，上体直立。

安全事项：杆座装好填充物，摆正，位置适当。

练习 222：正向跨杆 – 下蹲钻杆

目　　标：发展学生协调性。

方　　法：

1. 正（侧）向跨过障碍杆。
2. 侧（正）向下蹲钻障碍杆

场地布置：平坦地面，2~4 组。

教学提示：双手抱头，上体直立。

安全事项：杆座装好填充物，摆正，位置适当。

练习 223：穿梭绕杆跑

目　　标：发展学生速度、协调性和灵敏性。

方　　法：将标志杆摆成一列，每根标志杆间距 1~2 米。学生听到“开始”口令后依次绕过标志杆，绕过最后标志杆再返回，跑动过程中不得碰倒标志杆。

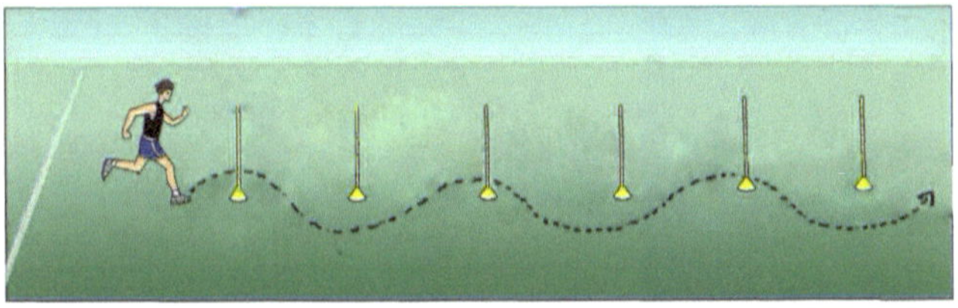

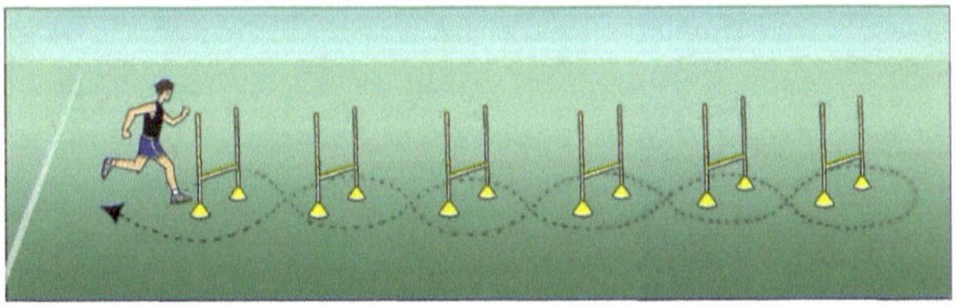

场地布置：平坦地面，6~8 组。

教学提示：穿梭跑尽量不要碰倒标志杆，要绕过每一个杆。

安全事项：杆座装好填充物，摆正，位置适当。

练习 224：连续障碍跳

目　　标：发展学生腿部爆发力，发展学生速度、协调、灵敏能力。

方　　法：

1. 将标志杆按组摆成 4 排，第一排、第三排高度相同，第二排、第四排高度相同，前后距离适宜。

2. 学生依次连续纵跳过障碍。

场地布置：平坦地面，2~4 组。

教学提示：连续跳跃，中间不要有停顿。

安全事项：杆座装好填充物，摆正，位置适当。

十一、阻力带

功　　能：发展力量。

练习 225：上肢力量练习

目　　的：发展上肢肌肉力量。

方　　法：上臂收折、前平举、侧平举、上举、扩胸、侧上举、胸前推、侧平推。

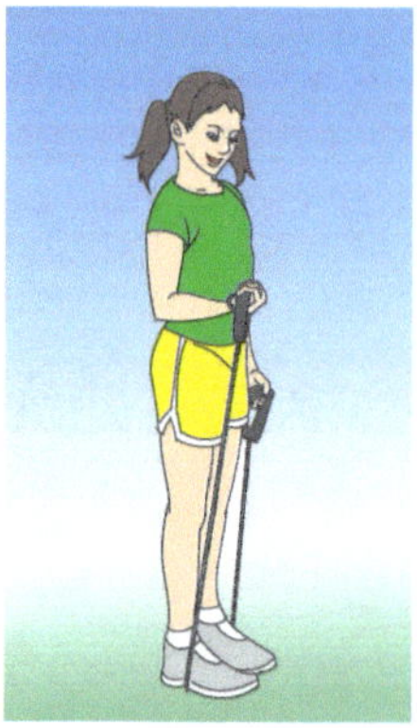

场地布置：平坦地面，保持好连续间距。

教学提示：动作要规范、到位，负荷大小要据个人实际情况而定，为增加练习强度可加大练习次数、密度。

安全事项：阻力带不得随意松手。

练习 226：腰腹力量练习

目　　的：发展腰腹部肌肉力量。

方　　法：左右转体、侧展体。

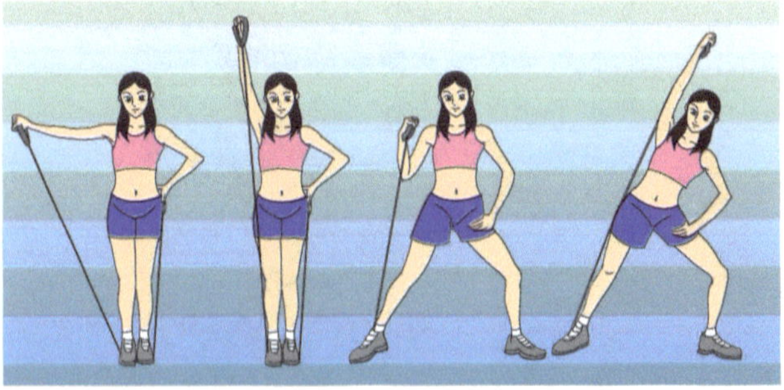

场地布置：平坦地面，保持好连续间距。

教学提示：动作要规范、到位，负荷大小要据个人实际情况而定，为增加练习强度可加大练习次数、密度。

安全事项：阻力带不得随意松手。

练习 227：下肢力量练习

目　　的：发展下肢肌肉力量。

方　　法：侧摆腿、前踢腿、后收腿。

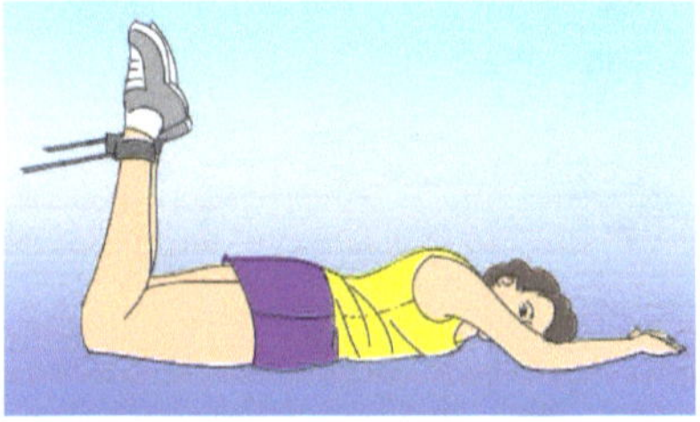

场地布置：平坦地面，保持好连续间距。

教学提示：动作要规范、到位，负荷大小要据个人实际情况而定，为增加练习强度可加大练习次数、密度。

安全事项：阻力带不得随意松手。

十二、重力球

功　　能：发展力量、爆发力。

练习 228：夹球跳

目　　标：增强腿部力量和全身协调用力能力。

方　　法：

1. 通过用脚夹球并以双腿蹦跳方式前进。
2. 距离 10~15 米。

场地布置：平坦地面，起点线、终点线距离 20~30 米。

教学提示：注意在蹦跳过程中保持身体平衡。

安全事项：球要夹紧，不要用脚踩。

器　　材：重力球。

晋级提高：

1. 增加距离。
2. 夹球掷远。

练习 229：抛球追赶

目　　标：发展学生上肢力量和全身协调用力的能力及快速反应、加速跑的能力。

方　　法：将球奋力抛出后快速追赶，抛球要尽力，追球速度要快。

1. 抛地滚球。
2. 胸前推球。
3. 后抛球。

场地布置：平坦地面。

教学提示：抛球要尽力，追球速度要快。

安全事项：抛球要注意方向。

练习 230：传递球

目　　标：发展颈部、腰腹部、腿部柔韧性。

方　　法：学生分成 2~4 路纵队站立，前后左右距离 1 米，从排头开始依次将球传递。

1. 体侧传递球。
2. 胯下传递球。
3. 头上、胯下传递球。

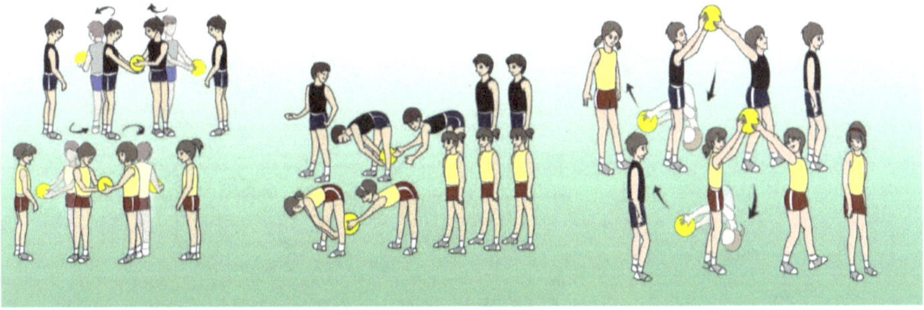

场地布置：平坦地面。

教学提示：传球时脚不能移动。

安全事项：持球时要拿稳拿住球。

练习 231：垫上投掷

目　　标：发展腰腹部和手臂肌肉力量及全身协调用力的能力。

方　　法：坐姿正投、坐姿背投、坐姿胸前推、仰卧头上投球、仰卧两腿夹球抛球、俯卧推球。抛球前，充分拉长最后用力时需要收缩的肌肉，动作幅度要大。

场地布置：平坦地面，间隔 10~15 米，每组 1 个球。

教学提示：充分利用抛球前的预拉拉伸动作和腰腹部、手臂的摆动力量。

安全事项：持球时要拿稳拿住球。

练习 232：跪姿投掷

目　　的：发展腰腹部和手臂肌肉力量及全身协调用力的能力。

方　　法：跪姿单手投掷、跪姿双手头上投掷、跪姿胸前推、跪姿后抛。抛球前，充分拉长最后用力时需要收缩的肌肉，动作幅度要大。

场地布置：平坦地面，间隔 10~15 米，每组 1 个球。

教学提示：充分利用抛球前的预拉拉伸动作和腰腹部、手臂的摆动力量。

安全事项：持球时要拿稳拿住球。

练习 233：站姿投掷

目　　标：发展腰腹部和手臂肌肉力量及全身协调用力的能力。

方　　法：头上前抛、头上后抛、胸前推、体侧前抛、胯下前抛、胯下后抛。抛球前预拉伸，充分利用腿部的蹬地力量和腰腹、手臂的摆动力量。

场地布置：平坦地面，间隔 10~15 米，每组 1 个球。

教学提示：充分利用抛球前的预拉拉伸动作和腰腹部、手臂的摆动力量。

安全事项：持球时要拿稳拿住球。

练习 234：助跑投掷

目　　标：发展腰腹部和手臂肌肉力量及全身协调用力、爆发用力的能力。

方　　法：助跑胸前推、助跑前抛、助跑侧抛，注意助跑节奏，充分利用助跑和腿部的蹬地力量和腰腹、手臂的摆动力量。

场地布置：平坦地面，间隔 15~20 米，每组 1 个球。

教学提示：充分利用抛球前的预拉拉伸动作和腰腹部、手臂的摆动力量。

安全事项：持球时要拿稳拿住球。

十三、瑞士球

功　　能：发展平衡能力。

练习 235：上臂支撑

目　　标：发展平衡能力，增强腰腹和上肢、肩部肌肉力量及全身协调用力的能力。

方　　法：直臂支撑，两脚着地，保持静止。

场地布置：平坦地面，每人 1 个球。

教学提示：保持平衡，控制好身体姿态。

安全事项：练习时有辅助保护人员。

练习 236：屈臂支撑

目　　标：发展平衡能力，增强腰腹部和上肢、肩部肌肉力量及全身协调用力的能力。

方　　法：屈臂支撑，两脚着地，保持静止。

场地布置：平坦地面，每人 1 个球。
教学提示：保持平衡，控制好身体姿态。
安全事项：练习时有辅助保护人员。

练习 237：抱球平衡

目　　标：发展平衡能力，增强腰腹部和手臂肌肉力量及全身协调用力的能力。

方　　法：双手抱球，趴球上，两脚离地，保持静止。

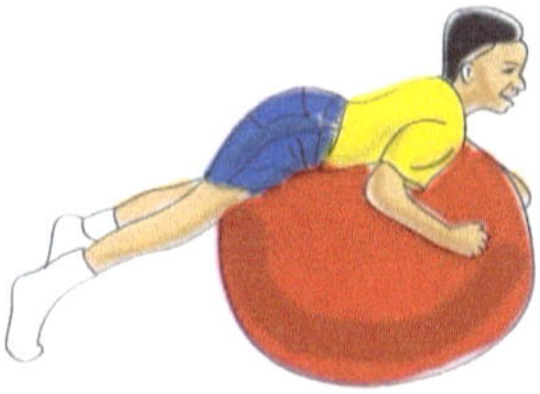

场地布置：平坦地面，每组 1 个球。
教学提示：保持平衡。
安全事项：练习时有辅助保护人员。

练习 238：俯卧抬体

目　　标：增强腰腹部力量及全身协调用力的能力。
方　　法：腹部压在球上，两脚着地，抬上体。

场地布置：平坦地面，每组 1 个球。
教学提示：保持静止或抬上体。
安全事项：练习时有辅助保护人员。

练习 239：俯卧后摆腿

目　　标：增强腰腹部和腿部肌肉力量及全身协调用力的能力。
方　　法：2 人一组，一人俯卧在球上，双腿向上抬，另一人扶手保护。

场地布置：平坦地面，每组 1 个球。
教学提示：可保持静止或连续抬腿。
安全事项：练习时有辅助保护人员

练习 240：背部支撑

目　　标：发展上肢力量，增强腰腹部和腿部肌肉力量及全身协调用力的能力。
方　　法：背部靠在球上，完成上举动作（可增加难度上举哑铃）。

场地布置：平坦地面，每组 1 个球。
教学提示：先保持好平衡，再做上举动作。
安全事项：练习时有辅助保护人员。

练习 241：坐立转体

目　　标：发展平衡能力，增强腰腹部及全身协调用力的能力。
方　　法：坐在球上，左右转体。

场地布置：平坦地面，每组 1 个球。
教学提示：保持平衡。
安全事项：练习时有辅助保护人员。

练习 242：坐立平衡

目　　标：发展平衡能力及全身协调用力的能力。
方　　法：坐在球上，张开手臂，双脚离地，保持静止。

场地布置：平坦地面，每组 1 个球。
教学提示：保持平衡。
安全事项：练习时有辅助保护人员。

练习 243：背向站立

目　　标：增强腰腹部和腿部肌肉力量及全身协调用力的能力。
方　　法：半蹲腰背触球靠墙站立，或 2 人一组，背向腰背触球站立。

场地布置：平坦地面，每组 1 个球。
教学提示：保持平衡。

安全事项：练习时有辅助保护人员。

练习 244：原地蹲起

目　　标：增强腰腹部和腿部肌肉力量及全身协调用力的能力，培养合作精神。

方　　法：3~4 人背向站立，手拉手围成一个圈，背部扛球，做蹲起。

场地布置：平坦地面，每组 1 个球。

教学提示：同时蹲起，保持节奏一致。

安全事项：练习时有辅助保护人员帮助放球。

练习 245：同心协力行进

目　　标：培养协作精神，发展腰腹部和腿部肌肉力量及全身协调用力的能力。

方　　法：3~4 人背部扛球同心协力行进。

场地布置：平坦地面，每组 1 个球。

教学提示：可左右前后行进，保持步调一致。

安全事项：练习时有辅助保护人员帮助放球。

十四、组合练习

组合一

目　　标：发展学生速度、灵敏、协调能力，增强速度耐力。

练习 246：快速敏捷梯跑 + 跨栏跑 + “Z”字跑

场地布置：平坦地面，敏捷梯，灵敏栏，标志碟。

教学提示：按照顺序进行练习。

安全事项：器械摆放整齐，如有移动需要调回原位。

组合二

目　　标：发展学生弹跳能力及协调性。

练习 247：前后左右跳 + 双脚连续跳 + 正（后）向跨杆 + 踩点跑

场地布置：平坦地面，跳跃环，灵敏栏，移动盘，障碍杆。

教学提示：按照顺序进行练习。

安全事项：器械摆放整齐，如有移动调回原位。

组合三

目　　标：发展学生速度、灵敏、协调、平衡能力。

练习 248：四方跑 + 平衡站立 + 双脚连续跳 + 踩石行走

场地布置：平坦地面，标志碟，榴莲球，灵敏栏，平衡垫。

教学提示：按照顺序进行练习。

安全事项：器械摆放整齐，如有移动需要调回原位。

组合四

目　　标：发展学生力量、协调性、跳跃能力及耐力。

练习 249：阻力带胸前推 + 侧向跳 + 侧向进出敏捷梯跑 +2 栏快速脚步 + 变向跑

场地布置：平坦地面，阻力带，敏捷梯，标志碟，跳跃环，灵敏栏。

教学提示：按照顺序进行练习。

安全事项：器械摆放整齐，如有移动调回原位。

组合五

目　　标：发展学生耐力，提高协调性、灵敏性、平衡性。

练习 250：双方向侧向移动 + 双脚敏捷梯跳 + 向前变向跳 + 正向跨杆 – 下蹲钻杆 + “8”字跑

场地布置：平坦地面，敏捷梯，灵敏栏，跳跃环，障碍杆，标志碟。

教学提示：按照顺序进行练习。

安全事项：器械摆放整齐，如有移动调回原位。

第四篇 测试评估篇

测评是提高的关键组成部分，最好的测评办法就是在练习过程中不断进行测试，测评可靠、有效并且执行简单，就能准确评估练习目标。

一、象限双脚跳测试

功　　能：测试灵敏性。

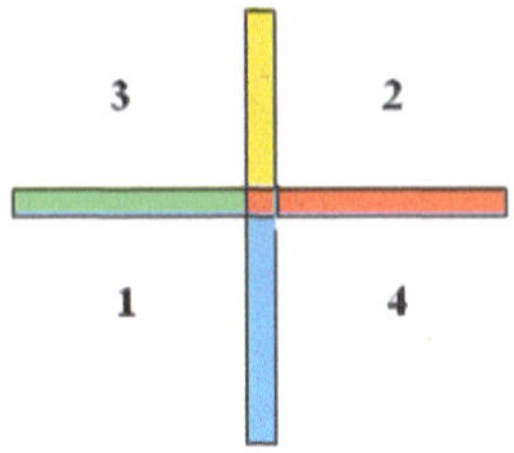

方　　法：受试者听到“开始”口令后，按照图象限的顺序，做双脚同时并腿跳(转体与不转体均可)。顺序是由起点1—2—3—4……直到听到“停止”口令停止。计算20秒内跳的次数。

计算20秒内双脚准确落在象限内的次数，作为测验成绩，每跳一个象限可得1分，如果踏线或跳错了象限，每次扣0.5分。

测量仪器：秒表、哨子、粉笔、移动线。

辅助人员：测试需要配备2名辅助人员（裁判员），职责如下。

1. 安排参加测试人员上场顺序。
2. 计时间、记录成绩。
3. 将成绩记录在记录卡上。

二、闭眼单脚站立测试

功　　能：测试平衡能力。

方　　法：让受试者单腿在地面上提踵站立，脚落地或出标志圈为结束，记录站立时间。两腿交换测量，记录成绩。

测量仪器：移动盘、秒表。

辅助人员：测试需要配备 2 名辅助人员（裁判员），职责如下。

1. 安排参加测试人员上场顺序。
2. 计时间、记录成绩。
3. 将成绩记录在记录卡上。

三、垂直跳跃测试

功　　能：测试腿部爆发力。

方　　法：靠墙站立，抬起一侧手臂直举过头顶。测量指尖最高点离地距离，并用粉笔在墙上做记号。再次抬起手臂，向上跳起，在墙上留下手印记号。测量 2 次标记间的距离。再测试一次，记录较高一次跳跃距离。计最小尺寸厘米。

测量仪器：粉笔、尺子。

辅助人员：测试需要配备 2 名辅助人员（裁判员），职责如下。

1. 安排参加测试人员上场顺序。
2. 测量距离。
3. 将成绩记录在记录卡上。

四、侧向跳跃测试

功　　能：测试协调性、灵敏性、控制身体的能力。

方　　法：

1. 将 1 个栏架摆放在平坦地面上，测试者站在栏侧。
2. 在发令开始后，侧向跳起过栏，再侧向跳回。
3. 学生在跳动过程中碰倒或踢乱栏的现象为步伐错误，重新开始。
4. 测试 30 秒记成功次数，从 2 次测试中选择较好成绩予以记录。

测量仪器：尺子、灵敏栏、秒表。

辅助人员：测试需要配备 2 名辅助人员（裁判员），职责如下。

1. 安排参加测试人员上场顺序。
2. 计时间、记录成绩。
3. 将成绩记录在记录卡上。

五、快速脚步移动测试

功　　能：测试协调性、灵敏性、动作速率。

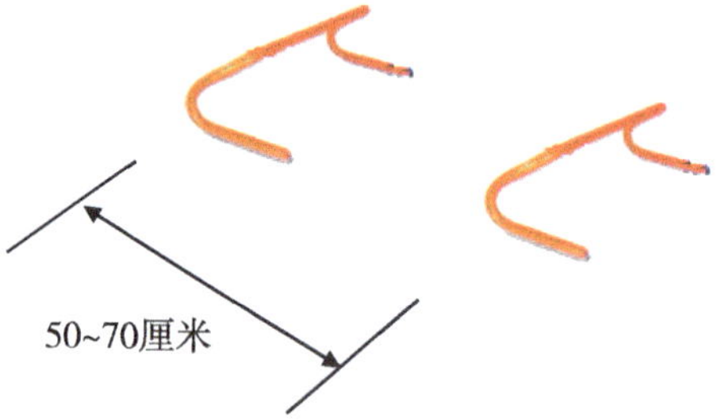

方　　法：

1. 将 2 个栏架平行摆放在平坦地面上，根据测试者身高间距为 50~70 厘米。

2. 测试者侧向栏架站在栏架左外侧。当听到开始口令后，向右侧高抬腿依次过栏。

3. 当右腿跨过第二栏着地后，向左跨，当左腿跨过第二栏着地后，向右跨，依次重复进行。

4. 左右脚往返 2 个栏架，回到起始位置。

5. 测试者在跑动过程中碰倒或踢乱栏的现象为步伐错误，重新开始。

6. 测试 30 秒记成功次数，从 2 次测试中选择较好成绩予以记录。

测量仪器：尺子、灵敏栏、秒表。

辅助人员：测试需要配备 2 名辅助人员（裁判员），职责如下。

1. 安排参加测试人员上场顺序。

2. 计时间、记录成绩。

3. 将成绩记录在记录卡上。

六、侧抛实心球测试

功　　能：测试身体侧向协调爆发用力能力，左右测试可评估测试者优势和劣势的力量差异。

方　　法：

1. 受试者在测试线后，面对投掷方向，双脚开立，距离同肩宽或比肩稍宽。双手持球于胸前。

2. 测试时，受试者双手持球，下蹲转体，扭转腰腹部，然后迅速蹬地、转身，双臂顺势用力将球抛出。

3. 双脚不可超越测试线，否则成绩无效。

4. 左右侧各测试 2 次，取最好成绩，成绩计量到厘米。

测试设备：实心球、皮尺。

辅助人员：测试需要配备 2 名辅助人员（裁判员），职责如下。

1. 安排参加测试人员上场顺序。

2. 测量距离。

3. 将成绩记录在记录卡上。

七、跪推实心球测试

功　　能：测试上肢爆发用力能力。

方　　法：

1. 测试者跪在垫上，面对投掷方向，背部直立，两腿平行，脚背向下，持球于胸前。

2. 推球时，臀部后移，迅速向前上方推球。

3. 推球后双膝不可过测试线，双手推球后不得着地，否则成绩无效。

4. 左右侧各测试 2 次，取最好成绩，成绩计量到厘米。

测试设备：实心球、皮尺、垫子。

辅助人员：测试需要配备 2 名辅助人员（裁判员），职责如下。

1. 安排参加测试人员上场顺序。

2. 测量距离。

3. 将成绩记录在记录卡上。

八、来回奔跑测试

功　　能：测试灵敏性、身体控制、改变方向能力。

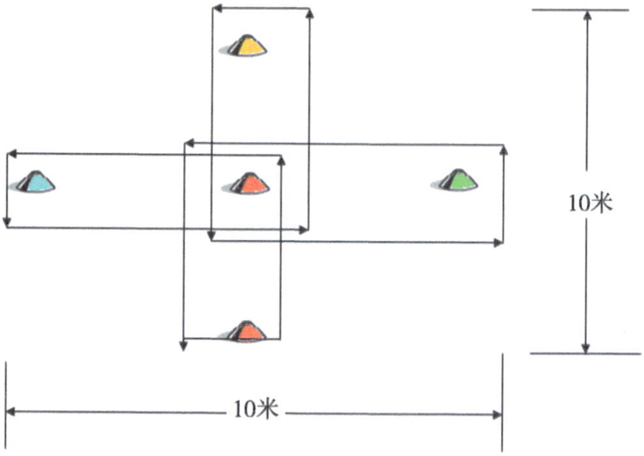

方　　法：

1. 受试者立于出发线后预备。

2. 听到“开始”口令后，即冲向中央标志点，循图所示路线绕标志碟快速跑进。

3. 直至跑回出发线（终点）。

4. 记录时间，受试者每碰倒一个标志碟扣 1/10 秒。

5. 记取 2 次成绩，取最好成绩。

测量器材：秒表、标志碟 5 个，布置如图，标志碟间距 5 米。

辅助人员：测试需要配备 2 名辅助人员（裁判员），职责如下。

1. 安排参加测试人员上场顺序。

2. 记录时间。

3. 如有碰移标志物需要将其摆回原位。

4. 将成绩记录在记录卡上。

九、20 米冲刺跑测试

功　　能：测试启动速度。

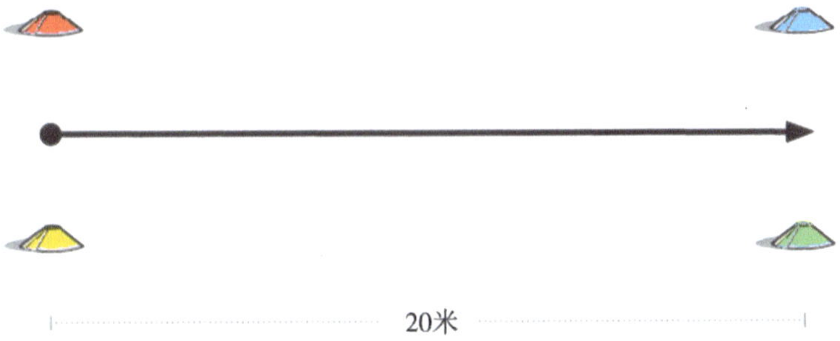

方　　法：

1. 保持站立姿势开始，前脚靠近起跑线，听到“开始”口令后奋力冲向终点。

2. 记取 2 次成绩，取最好成绩。

测试器材：标志碟、秒表、粉笔。

辅助人员：测试需要配备 2 名辅助人员（裁判员），职责如下。

1. 安排参加测试人员上场顺序。

2. 记录时间。

3. 如有碰移标志物需要将其摆回原位。

4. 将成绩记录在记录卡上

十、YOYO 间歇跑

功　　能：测试耐力。

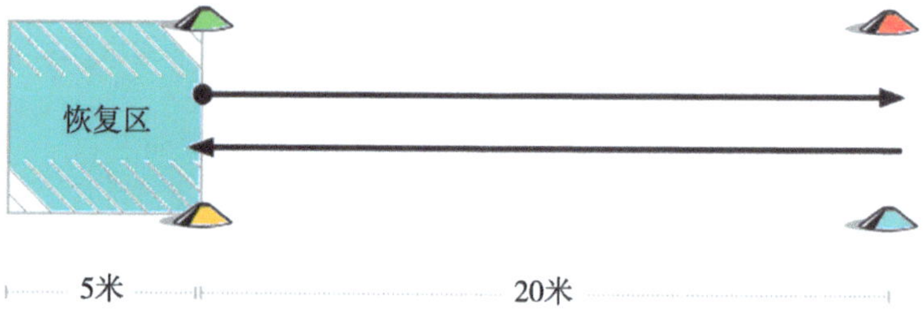

方　　法：

1. 测量 20 米跑程，并标出起跑线，在起跑线后测量 5 米并加以标记，为恢复区。

2. 测试者保持起跑预备姿势静候指令，必须在信号提示后跑完该段（20 米往返）距离。

3. 完成一次往返跑后 10 秒在恢复区内绕圈慢跑。

4. 目标尽可能往返多次。

5. 记录往返次数为成绩。

测试设备：标志碟、秒表、皮尺。

辅助人员：测试需要配备 2 名辅助人员（裁判员），职责如下。

1. 安排参加测试人员上场顺序。

2. 记录时间。

3. 将成绩记录在记录卡上。

参考文献

[1] 罗伯特· E. 麦卡蒂，杰夫·沙兰德 . 易化牵伸术——简便易学的 PNF 牵伸及力量训练 [M]. 矫玮译，审 . 北京：人民体育出版社，2010.

[2] Mark Kovacs.动态拉伸训练 [M]. 张长念，译.北京：北京体育大学出版社，2016.

[3] Jay R.Hoffman. 体能训练设计指南 [M]. 周志雄，译 . 北京：北京体育大学出版社，2015.

[4] Jay Dawes，Mark Roozen. 灵敏训练 [M]. 周建梅，译 . 北京：北京体育大学出版社，2016.

[5] Paul Gamble. 集体性项目的体能训练：高水平竞技运动的专项身体准备 [M]. 第 2 版 . 潘迎旭，译 . 北京：北京体育大学出版社，2016.

[6] Ben Reuter. 耐力训练 [M]. 石宏杰，译 . 北京：北京体育大学出版社，2015.

[7] 片平悦子 . 内脏伸展练习 [M]. 赵立群，译 . 南京：江苏凤凰科学技术出版社，2015.

[8] Ashley Kalym. 自重训练全书 [M]. 郭海龙，译 . 北京：北京科学技术出版社，2016.

[9] 杨博民，等 . 心理实验纲要 [M]. 北京：北京大学出版社，1989：83-88.

[10] 耿培新，梁国立 . 美国学校体育国家标准研究 [M]. 北京：人民教育出版社，2007：21.

[11] 中华人民共和国卫生部 . 中小学生体育锻炼运动负荷卫生标准 [Z]. 1998.

[12] 尹军，袁守龙 . 身体运动功能训练 [M]. 北京：高等教育出版社，2015.

[13] 汪巧琴 . 初中生室内身体运动功能训练 [M]. 北京：北京体育大学出版社，2016.

[14] Paul Gamble. 集体性项目的体能训练——高水平竞技运动的专项身体准备

[M]. 第 2 版 . 北京：北京体育大学出版社，2015.

[15] Sanja Šimek Šalaj，Dragan Milanović and Igor Jukić .The effects of proprioceptive training on jumping and agility performance [J]. Kinesiology，2007，39（2）：131-141.

[16] Ioan Sabin SOPA，Marcel POMOHACI. Study regarding the development of agility skills of students aged between 10 and 12 years old [J]. Timişoara Physical Education and Rehabilitation Journal，2016（9）：10-16.

[17]Schmidt，Richard A. Lee，Timothy Donald. Motor control and learning ：a behavioral emphasis [J]. Human Kinetics，2011.

[18] Warren，William H. The Dynamics of Perception and Action [J].Psychological Review，2006(2）.

[19] Fajen，Brett R. Warren，William H. Behavioral dynamics of steering，obstable avoidance，and route selection [J].Journal of Experimental Psychology：Human Perception and Performance，2003（2）：343-362.